앉은 자리가 꽃자리

신재기 수필선집

앉은 자리가 꽃자리

지은이 | 신재기
펴낸이 | 신중현

초판 1쇄 인쇄 | 2012년 4월 20일
초판 1쇄 발행 | 2012년 4월 28일

펴낸곳 | 도서출판 학이사
대구광역시 중구 국채보상로 101길 15(동산동)
전화 | 053-554-3431~2 팩스 | 053-554-3433
http://www.학이사.kr

ISBN 978-89-93280-42-5 03810

신재기 수필선집

앉은 자리가 꽃자리

책머리에

수필 사랑을 담아

수필계에 몸담은 지도 십 년을 훌쩍 넘겼다. 그동안 여섯 권의 산문집과 두 권의 수필비평집을 내었다. 창작과 비평이란 두 마리 토끼를 쫓다 보니, 양쪽 모두 결과가 부실한 것 같았다. 마음을 다잡고 새롭게 출발하고 싶었다. 이런 의미에서 지금까지 썼던 산문 중에서 마흔 편을 골라 수필선집을 출간하기로 했다. 그동안의 수필창작 지도와 비평이 큰 성과를 얻지는 못했어도, 수필에 대한 애정은 깊어졌다고 자부한다. 나를 응원해 주는 수필 문단의 많은 분에게 고맙게 생각해 왔다. 그 고마움에 조금이나마 보답하는 뜻으로 이번 선집에서 '수필집' 이란 이름을 겸허하게 붙였다.

지금은 디지털 문화 시대다. 문학을 소비만 하던 대중이 이제 창작에 적극 참여한다. 자신의 이야기를 글로 표현하고자 하는 대중의 욕구는 점점 확대되고 있다. 이러한 시대 변화와 함께 수필은 문학 지형도를 새롭게 만들어 간다. 바야흐로 수필의 시대가 온 것이다. 그런데 대중의 얕고 가벼운 속성이 문제다. 작품의 질적 수준 제

고가 중요한 당면 과제로 드러나고 있다. 이럴 때일수록 본질에 대한 진지한 성찰과 고민이 필요하다. 수필이 문학으로서 거듭나려면 진정성을 담보한 다양한 이론적 담론 창출이 뒤따라야 한다. 또한, 좋은 작품을 창작할 수 있는 진지한 공부가 선행되어야 할 것이다. 아무쪼록 필자도 이 선집 발간을 전환점으로 삼아 앞으로 변화된 모습을 보여주고 싶다.

이 선집은 딸아이가 결혼하는 날에 맞추어 발간하게 되었다. 새로운 인생을 시작하는 딸에게 주는 아버지의 작은 선물이다. 부디 사위와 딸의 앞날에 기쁨과 행복이 넘치기를 간절히 소망한다. 자식에게 따뜻한 말을 해주는 데 인색한 아버지로 살아온 것 같다. 그 미안한 마음을 이 책에 담아 전한다.

2012년 4월 28일

신 재 기

차례

제3부 향기로운 사람

제4부 공간의 두께

앉은 자리가 꽃자리

제1부

책에 대한 예의

'자리'를 생각한다

"묵은 의자를 비워 드리겠습니다." 아침을 몰고 오는 그분에게 내가 차지하고 있는 묵은 의자를 기꺼이 물려주겠다는 내용의 시를 기억한다. 조병화의 〈의자〉라는 시편이다. 1970년대 초반 고등학교 3학년 국어교과서 권두시에서 이 작품을 읽었다. 연마다 반복되는 '묵은 의자를 물려주겠다'는 시구의 리듬감은 시 읽는 재미를 더해 주었다. 하지만 '역사의 흐름', '세대교체', '미래의 새로운 희망' 등으로 의미가 확산한다는 설명을 들으면서 시적 감흥을 잃고 말았다. 시를 머리로는 이해했으나 가슴에 깊이 새기지는 못했다. 그런데 인생살이의 나이테가 늘어나면서, 이 시편의 메시지가 점점 강하게 울려왔다. 무의식 속에 오랫동안 모습을 숨겼던 그 무엇이 갑자기 고개를 쳐들고 내 의식의 수면 위로 떠오르는 듯했다. '자리' 가 무엇이기에 모두 그렇게 애써 지키려고 하는가.

아이들이 양지바른 학교 건물 벽에 어깨를 맞대고 횡대로 줄지어 선다. 겨울철 쉬는 시간이면 아이들이 교실에서 몰려나와 콜타르 칠을 한 건물 벽에 붙어 서서 잠시나마 따뜻한 햇볕을 쬔다. 자리가 넉넉지 못하다 보니 서로 밀치며 자리를 지키려는 다툼이 끊이지 않는다. 조금만 불편을 감수하면 모두 자신의 자리를 확보할 수 있다. 그런데 언제나 대열에 끼지 못하고 밀려나는 친구가 있다. 몇몇 힘센 녀석은 충분한 자리를 확보했는데도 옆 사람을 밀쳐내며, 더 넓은 공간을 차지하려고 욕심을 부린다. 아이들의 해바라기에도 자리를 두고 온갖 형태의 일이 벌어진다. 아이들의 세계도 어른과 다를 바 없다. 수평의 공평함보다는 수직의 지배와 피지배가 두드러진다. 인간적 배려보다는 힘의 일방적인 논리가 강하게 작용한다. '자리' 를 두고.

시상식, 이취임식, 출판기념회 등의 모임에 자주 참석한다. 참석할 때마다 못마땅했던 점이 '내빈소개' 다. 내빈소개가 빠진 행사는 없는 것 같다. 그 일이 그리 중요한가? 귀한 손님을 소개하는 것은 예의일 뿐 아니라, 유쾌한 일일 수 있다. 문제는 본말의 전도다. 모임의 원래 목적보다 내빈소개에 온갖 신경을 다 쓴다. 주최 측은 혹시 소개 순서가 바뀌지 않았는지 빠뜨리지는 않았는지 노심초사하는 모습이다. 축전이나 화환을 보내온 사람까지 거명한다. 더 놀라운 일은 내빈이 정치판에 한자리하는 사람이거나 고위 공직자일수록 사회자는 더 큰 박수를 요청한다는 점이다. 세상에 '장長' 이라는 직함이 그렇게 많다는 데 새삼 놀란다. 행사장 앞자리에 앉은 내빈과 뒷자리에서 그들에게 건성으로 박수를 보내는 사람의 차이는 무엇인가. 결국 '자리' 의 차이가 아니던가.

동네 시장이다. 노점 상인이 곳곳에 멍석 반 닢도 안 되는 좁은 자리에 전을 펴고 온갖 물건을 팔고 있다. 과일을 파는 중년 남자, 채소 몇 무더기를 펼쳐놓고 온종일 앉아 있는 할머니, 고구마나 밤을 굽느라고 얼굴이 상기된 아주머니, 포장마차 안에서 어묵과 떡볶이를 파는 젊은 부부를 만난다. 이들은 지금 터 잡은 작은 자리가 아주 고마울 것이다. 노점이지만 장사할 자리를 가진 것만으로도 행복하다. 그 자리 덕분에 자신뿐만 아니라 딸린 식구가 모두 먹고살지 않는가. 시장바닥의 좁은 자리일망정 어찌 소중하지 않겠는가. 사람은 누구나 자신의 자리를 차지하고 살아간다. 큰 욕심 내지 않으면 좁은 자리에서도 만족하며 살아갈 수 있으리라. 고대광실에서 산다고 해도 자신 한 몸 눕히는 데 필요한 자리는 한 평이면 넉넉하다. '자리' 를 오랫동안 독점하려는 욕망때문에 세상이 혼탁해지는 것이다.

사람은 사회 활동을 하면서 맡은 직위나 지위로서 자리를 가진다. 대체로 직위라는 것은 수직적인 조직을 전제하는 만큼 높낮이가 있기 마련이다. 명예, 권력, 부를 담보하는 높은 자리는 누구나 선망하고 욕심을 낸다. 높은 자리에 오르는 것은 개인적으로 성공적인 삶의 징표이기도 하다. 그래서 자리를 놓고 치열한 경쟁을 벌인다. 열심히 노력해서 정당하게 높은 자리에 올라간 사람도 있는 반면에 탐욕에 눈이 멀어 공평한 경쟁보다는 편법과 정치적인 술수를 앞세우는 경우도 자주 있다. 정치의 계절이 왔다. '한자리' 를 차지하려고 많은 사람이 열을 올릴 것이다. 국민과 시민을 위해 그 자리가 필요하다고 외칠 것이다. 그 외침의 공허함이 드러나는 데에는 그리 오래 걸리지 않는다. 높은 자리에 올라가면 언젠가 내려와야 한다. 지금 차지하고 있는 의자는 영원히 나의 것이 될 수 없다. 물려주거나 버려야 한다. 내 몸을 지탱하고 자신의 존재감과 품격을 지킬 최소한의 자리만 있다면 충분하지 않겠는가.

나는 지금 이 모든 이야기를 나 자신에게 하고 있다.

2010. 3.

누운 풀처럼

“언제 이렇게 달라졌지?” – 예전부터 알던 도시의 거리를 오랜만에 지나다 보면, 낯선 공간에 처음 온 것 같아 어리둥절할 때가 있다. 그전 모습을 찾아보기 어려울 정도로 많이 변했다. 서로 비비대며 옹기종기 붙어 있던 지붕 낮은 집들은 흔적없이 사라졌다. 뜨거운 햇볕 아래 초로의 농부가 허리 구부려 일하던 도시 근교의 논밭, 송아지가 제멋대로 뛰놀던 산자락의 언덕배기에도 생소한 서양식 명찰을 단 아파트가 거만하게 서 있다. 도심의 도로를 달리다 보면 하늘을 덮고 있는 초고층 건물이 갑자기 눈앞으로 달려든다. 이름 붙이기를 ‘주상복합’. 그곳을 지나는 사람이면 그 어마어마한 위용에 눌려 납작 엎드리지 않을 수 없다. 우리는 왜 저렇게 높은 집을 짓고 살아야 하는가?

“세상에 이런 일이 어디 있나?” - 대한민국 수도 서울에 살다가 대구로 온 친구는 십여 년 전 강남의 아파트를 팔아 버렸던 것이 인생 최대의 실수라고 안타까워한다. 그럴 만하다는 생각이 든다. 지금까지 붙들고 있었다면 아마 가격은 십억, 이십억, 삼십억, 그 얼마쯤 될 것이다. 밑천 계산하여 반타작만 하더라도 남는 돈이 얼만가? 평생 월급을 저축한 것보다 더 많은 액수인데 어찌 통탄하지 않겠는가? 전부를 빼앗긴 것 같은 기분이리라. 세상과 특정 인물을 향해 ‘씨×’, ‘×같은 ×’, ‘죽일 ×’ 등으로 조어造語되는 숱한 화살을 퍼붓는다. ‘복수설전復讐舌戰’이다.

“나도 한 건 해야지.” - 고층 건물과 아파트 숲은 대도시 삶의 공간적 상징이다. 도시 공간에 사는 사람은 자유롭고 무책임한 대중 속에서 타인으로부터 방해받지 않는 익명의 개인이다. 그들은 상호 결속력이 부족해 위기 상황에서 공동으로 대처하지 못한다. 믿을 수 있는 마지막 보루는 ‘자기 자신’이다. 그래서 불안하다. 불안 때문에 더욱 개인적 욕망의 높이를 더해 간다. 방책防柵을 쌓듯이 돈을 쌓고 또 쌓는다. 쌓지 못한 사람은 욕망의 비열한 칼날을 세운다. 기회가 오면 한 건을 하겠다는 각오다. 그러고 보니 사각의 도시 건물은 외형이 마치

지폐 뭉치를 차곡차곡 쌓아 놓은 것 같다. 돈의 키를 높이는 데 혈안이 된 이기적 욕망의 열기가 도시를 후끈하게 달군다. 부동산으로 한몫 잡지 못한 사람은 지금도 복수혈전復讐血戰을 은밀하게 계획하고 있다.

"그들은 분별력도 없고 깨닫지도 못하여 / 어둠 속을 헤매고만 있으니 / 세상이 송두리째 흔들린다." (〈시편〉 82장) - 〈시편〉의 한 구절을 떠올린다. 오늘을 살고 경영하는 현대인은 하늘까지 닿는 바벨탑을 쌓으려는 사람들이다. 시칠리아 에트나의 활화산 불길 속으로 몸을 던져 영혼의 윤회를 얻으려고 한 엠페도클레스와 같은 무리다. 잡히지 않는 허망한 욕망을 위해 자신의 모든 것을 허비하고 있는 어리석은 존재이다. 고층건물을 높이 올려 물질적 욕망을 채우려는 설계도에는 저승의 자리를 찾기 위해 헛되이 애쓰는 나약하고 텅 빈 영혼의 무모함이 넘쳐흐르고 있다. 미망迷妄에 빠진, 불쌍하고 가난하고 약한 우리를 구원할 길은 없는가?

"누운 풀처럼 욕망의 키를 낮추자." - 그렇다. 우리에게 가장 필요한 것은 진정鎭靜이다. 병들고 타락한 영혼을 구원해 줄 진정제를 마련하는 일이 시급하다. 이를 '진정성 회복'이라고 말한다. '회복'은 원래의 제자리를 되찾는 일이다. '제자리'는 현대 문명의 물질적 이기주의로 망가진 인간 본연의 모습을 말한다. 물론 이러한 진정성 회복의 논리는 근대 사회가 시작되면서부터 끊임없이 전개됐다. 그럴 때마다 물질문명에 대한 비판에서 시작되는 비슷한 해결책이 제안되곤 했다. 비법이 없는 모양이다. 그래도 포기해서는 안 된다. 비슷한 발언의 반복도 청량제 역할을 할 수 있다. 삶은 언제나 경제적 여건으로부터 벗어날 수 없지만, 반면에 우리의 의지가 물질적 여건을 통제할 수도 있지 않은 첫 단계가 각자 물질적 욕망의 높이를 낮추는 자기만의 방안 모색이다. 물론 그 방안은 물질적 가치의 난폭함에 대한 진정성 회복이라는 전제에서 출발해야 할 것이다.

2006. 12.

책에 대한 예의

학기말 시험이 끝난 강의실에서 학생들이 사용하던 교재를 가끔 발견한다. 책상 서랍에 책을 둔 채 잊어버리고 강의실을 빠져나간 경우에는 학생이 헐레벌떡 달려와 책을 찾아간다. 하지만 학생이 고의로 버린 경우가 더 많다. 그동안 공부하면서 정이 들었을 법한 책이다. 주인이 애타게 찾을 것 같아 연구실에 가져와 보관하지만, 대부분 주인 손으로 돌아가지 못한다. 주인에게 버림받은 책의 모습을 보노라면 애인으로부터 배신당한 사람의 처량함이 느껴진다. 한때는 품에 넣고 다녔던 책이 아니던가. 잃어버리고도 찾지 않는 것으로 보아 평상시에도 책을 아끼지 않았던 것으로 보인다. 우리 주위에서 책을 소중하게 생각하는 마음이 사라지고 있는 것 같다.

책을 출간하면 몇몇 지인에게 보낸다. 정성스레 서명하여 우송하는 것은 쉬운 작업이 아니다. 신경 써야 할 부분이 많다. 이 정도 수고는 감수한다 치더라도 문제는 그 다음이다. 책을 받고도 대부분 그냥 지나치고 만다는 점이다. 고맙게 잘 받았다고, 열심히 읽어보겠다고, 좋은 글을 쓰느라고 고생했다는 격려의 메시지를 전해 오는 사람도 있지만 대체로 무반응이다. 이때의 서운함은 경험한 사람이면 실감할 것이다. 그래서 보내준 책을 재미있게 다 읽었다는 인사말을 들으면 여간 기쁘지 않다. 더욱이 책값까지 챙기며 친필로 쓴 편지를 보내왔을 때 느끼는 희열은 이루 말할 수 없다. 이런 기쁨은 내 존재가 남에게 인정받았다는 데서 오는 것이다. 이처럼 책은 저자의 존재 자체이다.

몇 년 전 『나는 계획한다, 분서를』이라는 산문집을 낸 적이 있다. 이 표제는 수록 글 중 한 편의 제목이었다. 공부의 길에 들어서면서부터 간직해 왔던 책에 대한 애정을 역설적으로 표현한 글이다. 도서관에 기증하려고 해도 잘 받아주지 않고, 다른 사람에게 거저 주어도 크게 고맙게 여기지 않을 것이며, 자식에게 물려주면 하찮은 짐으로 취급당할 것이 뻔해서 오히려 불태우는 것이 좋겠다는 생각이 들었다. 연구실이나 서재의 서가에 꽂힌 책은 그냥 물건으로서의 책이 아니다. 내 마음이 깃들고 삶의 흔적이 배인 것이다. 쓸모나 중요성에 경중이 있을지 모르지만, 소중하기는 어느 하나 다르지 않다. 내 분신 같은 책이 남의 손에 넘겨져 천대받는 것을 상상하면 마음이 편치 못하다.

책에 대한 집착과 지향이 병적일 정도로 유난한 사람이 있다. 책에 대한 집중도 다른 것에 대한 욕심과 마찬가지다. 책을 수중에 넣어 보관하고 쌓아 두려는 욕망이 책을 통해 지식과 지혜를 얻으려는 목적에서 끝나지 않고, 수집광으로 발전하기도 한다. 이때 읽는 것보다 수집하여 쌓아 두는 것 자체에 방점이 찍힌다. 일종의 편집증이다. 이는 고쳐야 할 병이다. 쌓아 두기보다는 필요한 사람에게 책을 나누어 주는 것이 합리적이다. 꼭 읽어야 할 책은 언제나 한 권이면 충분하지 않은가. 쌓아 두는 것은 욕심이다. 남에게 건네준 후에 그 사람이 어떻게 하든 신경 쓸 바가 아니다. 책을 수중에 넣는 만큼 버리라는 조언을 종종 듣는다. 비워야 채워진다는 점에서 얼마나 현명하고 지혜로운가.

책표지를 싸서 소중하게 간직하던 시대가 있었다. 책이 귀했기 때문이다. 감히 밑줄을 긋는 일은 엄두도 못 냈다. 지금은 사정이 달라졌다. 책 출간이 쏟아지고 있다. 원고를 집필하거나 책을 출판하기가 쉬워졌다. 정보량도 많아졌고 그것을 처리하는 기술도 발전했기 때문이다. 더군다나 새로운 디지털 매체의 등장으로 책의 현실적 소용이 감소하고 있다. 굳이 책이 아니라도 된다. 그래서 활자 매체의 몰락을 성급하게 예상하기도 한다. 책이 사라지지 않는다 하더라도 그 역할이 축소되거나 변질할 가능성은 크다. 이제 책은 꼭 보관해야 할 품목이 아니다. 일부 책은 소모품의 성격을 지니기도 한다. 이런 흐름에 비춰 책에 대한 무조건의 존경심을 강요하는 것은 적절치 못하다.

책은 인류 최고 가치의 발명품이다. 책으로 말미암아 인간은 삶과 문화의 가치를 한층 고양할 수 있었다. 책은 존중해야 할 대상임이 틀림없다. 그런데 지금 책은 디지털 매체의 강한 도전을 받고 있다. 활자제국이 지켜온 성벽은 점점 낮아질 수밖에 없는 현실이다. 현재의 책은 활자 언어 전성시대의 책이 아니므로 디지털 매체와의 공존을 모색해야 한다. 책에 대한 맹신이나 숭배는 이 시대의 코드에 맞지 않다. 그렇지만 책은 정보를 담은 단순한 도구가 아니라 살아 있는 생명체다. 즉, 그 속에는 책을 쓴 사람의 고유한 생각과 정서가 녹아 있다. 우리가 책을 귀하게 여기는 것은 이 때문이다. 책에 대한 예의는 사람에 대한 예의다. 추락하는, 책에 대한 예의 회복을 기대해 본다.

2011. 6.

스승의 날과 대학교수

세상에는 수많은 직업이 있다. 직업의 종류는 사람 수만큼 많다고 과장해서 말하기도 한다. 세상 사람은 각자 위치에서 자신의 일을 통해 존재를 드러내고 나름대로 사회와 문화에 이바지하며 살아간다. 그러므로 좋은 직업과 그렇지 못한 직업이 원래부터 있었던 것은 아니다. 사회의 통념과 선입견에 의해 그 우열이 매겨졌을 뿐이다. 직업에 귀천이 없을진대, 대부분은 세속적인 욕망에서 벗어나지 못해 자신의 일과 위치에 늘 불만스러워하고 옆을 두리번거린다. 어디 대학교수라고 다르겠는가.

대학교수가 자신의 직업에 불만을 토로하면, 많은 사람이 배부른 소리 한다고 비난의 화살을 퍼부을 것이다. 실업자, 일용근로자, 비정규직으로 살아가는 사람이 얼마나 많은데 그따위 헛소리를 하느냐고 말이다. 여기에 한술 더 떠 비난의 강도를 높이기도 한다. 정년 보장, 고액 연봉, 방학, 사회적인 인지도 등 교수를 공격할 무기는 부지기수다. 공무원인 친구가 나에게 "너희 교수는 방학이 있어 좋겠다."라고 말한다. 교수는 긴 방학 동안 아무것도 않고 놀면서 월급을 받지 않느냐는 비난의 의도가 역력하다. 이럴 때는 별로 할 말이 없다. 긴 한숨을 뱉으며 "그래, 좋다!"라고 자조 섞인 대꾸를 하고 만다. 교수가 논문이라도 한 편 쓸려면 방학 중 내내 연구실에 붙어 있어야 한다는 사실을 모른다. 교수가 이 사회에서 혜택을 많이 받는 직업이라는 생각은 고쳐져야 할 선입견이다.

오월 한가운데에는 '스승의 날'이 있다. 며칠 후면 그날이다. 학과 학생회나 강의를 듣는 학생이 찾아와 가슴에 꽃 한 송이 달아 줄는지 모르겠다. 졸업한 제자 몇몇은 감사의 인사를 문자 메시지로 전해 올 것이다. 간혹 '스승의 은혜'라는 노래를 숙연하게 부르는 모임에 초청받을 수도 있다. 이럴 때 느끼는 것은 교수나 제자 양쪽 모두가 머잖아 끊어지고 말 약한 끈을 부여잡고 있는 듯한 아슬아슬함이다. 오늘날 교수는 진정한 스승으로 인정받지 못하는 것 같다. 대학교에서 학생은 교수를 '선생님'이라고 부르지 않고, '교수님'으로 부른다. 갓 입학한

신입생의 '선생님' 이란 호칭도 한 주일만 지나면 '교수님' 으로 바뀐다. '교수님' 이란 호칭어에는 '교수는 스승이 아니다.' 라는 생각이 녹아 있는 것 같다. 교수는 직업에 불과한가. 교수는 '존경받는 스승' 으로부터 멀어지고 있는 현실이 아쉽다.

사람들은 교수가 학식도 뛰어나고 인격적으로도 고매하기를 바란다. 인격과 학식을 두루 갖추고 스승으로서의 정도를 걷는 대학교수가 과연 얼마나 될까. 교수가 모두 인격자나 현자는 아니다. 인격과 학식을 겸비한 학자이면서 스승으로서의 교수는 하나의 희망 사항일 뿐이다. 현대사회의 학문, 대학, 교수 등은 많은 사람이 바라는 것과는 제도적으로 먼 거리에 있다. 교수는 이제 대학교에서 근무하는 전문 지식인으로 전락하고 말았다. 그들의 학문 또한 세계의 궁극적인 진리를 탐구하거나 인간 삶의 지표를 제시하는 것과는 상관없다. 우수한 교수의 자격은 교양이나 인격보다는 뛰어난 연구 실적이다. 오늘날 대학 교육과 학문은 인간 삶의 가치를 크게 고민하지 않는다. 이런 현실에서 교수가 취해야 할 모럴은 무엇인가. 깊은 자괴감이 앞선다.

우리나라 대학교수가 처한 상황이나 받는 대접은 천차만별이다. '교수라고 다 같은 교수가 아니다.' 라는 말은 공공연한 사실이다. 자본주의 경쟁사회에서 논리적으로는 불공평한 차별이 있을 수 없다. 푸대접을 받는다면 그 책임은 개인의 능력 문제이기 때문이다. 효율성을 극대화하기 위해서는 경쟁을 피할 수 없으며, 경쟁체제 아래서 개인의 능력은 어떤 식으로든 평가되기 마련이다. 어쨌든 오늘날 교수는 치열한 경쟁의 틀을 벗어나기 어렵다. 잘 가르치고, 열심히 연구하고, 사회에 봉사도 해야 한다. 세상 사람 대부분이 힘들게 살아가는데 교수라고 예외일 수 없다. 이러한 일은 지성인으로서 마땅히 져야 할 사회적인 책임이다. 하지만 교수에 대한 평가가 인간적인 자존심에 상처를 주는 일이어서는 곤란하다. 열정 하나로 학문의 길을 묵묵히 걸어가는 교수도 적지 않다.

이 시대 대학교수는 어떻게 살아야 하는가? 훌륭한 학자이면서도 교수가 되지 못한 사람에게 미안해서라도 감사하는 마음으로 살아야 한다면 할 말이 없다. 교수는 지성인으로서 사회에 대한 책임의식을 가지고 살아야 마땅하다. 그러나 교수도 힘들게 살아가는 보통의 생활인이다. 교수에게 기대하는 바와 교수가 처한 현실 사이에는 괴리가 크다. 지금 현실은 교수에게 인간을 교육하는 스승보다는 지식과 기술을 전달하는 전문인의 역할을 요구한다. 이러니 대학에서 '스승의 날'은 머잖아 사라질지도 모를 일이다.

2011. 5.

아날로그에 대한 향수

어느 찻집에서 사랑하는 사람과 만나기로 약속 했다. 그런데 약속 시각이 반 시간, 또 한 시간이 지나도록 그 사람은 나타나지 않는다. 출입문이 열릴 때마다 눈길이 그쪽으로 쏠린다. 바스락거리는 작은 인기척에도 가슴이 쿵쿵 뛴다. 시간이 지날수록 가슴이 저려온다. 아픔은 더 큰 사랑이 되고, 마음은 사랑하는 사람 곁으로 달려간다. 이 같은 심정을 시인 황지우는 이렇게 표현했다.

네가 오기로 한 그 자리에
내가 미리 가 너를 기다리는 동안
다가오는 모든 발자국은

내 가슴에 쿵쿵거린다
바스락거리는 나뭇잎 하나도 다 내게 온다
기다려 본 적이 있는 사람은 안다
세상에서 기다리는 일처럼 가슴 애리는 일 있을까
네가 오기로 한 그 자리, 내가 미리 와 있는 이곳에서
문을 열고 들어오는 모든 사람이
너였다가
너였다가, 너일 것이었다가
다시 문이 닫힌다
사랑하는 이여
오지 않는 너를 기다리며
마침내 나는 너에게 가고
아주 먼 데서 나는 너에게 가고
아주 오랜 세월을 다하여 너는 지금 오고 있다
아주 먼 데서 지금도 천천히 오고 있는 너를
너를 기다리는 동안 나도 가고 있다
남들이 열고 들어오는 문을 통해
내 가슴에 쿵쿵거리는 모든 발자국 따라
너를 기다리는 동안 나는 너에게 가고 있다

– 〈너를 기다리는 동안〉 전문

애타게 기다리는 것이 사랑의 원초적인 모습이라면, 이 시는 사랑을 아주 잘 형상화한 작품이다. 그런데 이런 기다림은 현대의 문화적인 성격과 박자가 맞지 않는다. 시간 약속을 지키지 않았으므로 우선 사회생활에서의 부적격함이 지적될 것이다. 전화 연락도 취해보지 않고 한 시간 동안 멍청하니 기다리는 사람의 비합리도 비난의 대상이 될 수 있다.

시간 약속을 지켜야 한다는 점은 동서고금을 막론하고 부정될 수 없는 가치다. 하지만 어떤 일이 있든 시간 약속을 꼭 지켜야 한다는 입장보다는 예상치 못한 일 때문에 시간을 지키지 못해도 이해하는 태도가 훨씬 인간적이다. 현대 젊은 세대의 관점에서는 약속 시각에 나타나지 못한 사람이나 오랫동안 기다린 사람이나 모두 문제가 있다. 가령 휴대폰으로 서로 연락을 취한다든가, 아니면 다른 방법으로 기다리고 기다리게 하는 일이 없도록 하는 것이 최선의 방책이라고 생각하기 때문이다.

앞의 이야기에서 기다릴 수 있는 입장과 기다림을 비합리적인 것으로 간주하는 입장을 거칠게 규정하면 아날로그적인 것과 디지털적인 것의 대립으로 볼 수 있다. 우리는 지금 디지털 문화의 거센 물결을 타고 있다. 디지털 문화는 정보전달의 신속성과 정확성을 속성으로 한다. 그만큼 신뢰성과 경제적 효율성을 중시한다는 말이다. 현대인의 삶이 많은 부분 경제적

요소에 의해 결정되기 때문에 오늘의 문화는 경제적 측면과 불가분의 관계에 있다. 그러므로 우리의 문화가 경제적인 효용성이 큰 디지털의 원리를 지향하는 것은 막을 수 없는 대세다.

현대 과학기술의 발전은 아날로그에서 디지털로의 전환 그 자체라고 해도 과언이 아니다. 특히, 지식정보사회에 기반을 두고 있는 오늘의 문화에 가장 적합한 코드는 디지털 방식이다. 현대인의 일상품이 된 컴퓨터, 인터넷, 휴대폰, 디지털카메라 등은 모두 디지털 방식을 선택하고 있다. 디지털 방식을 채용하는 이 같은 것들은 비선형적이고 다선적인 멀티미디어를 지향한다. 다양한 기능을 동시적으로 수행하기 때문에 편리하고 경제적인 효용성도 크다. 따라서 우리의 일상은 디지털 환경과 방식을 피해 갈 수 없는 새로운 문화의 패러다임 속에 놓이게 되었다.

오늘날 대중은 인터넷이라는 가상공간을 통한 새로운 커뮤니케이션 방법에 익숙해지면서 그것을 포기하기 어려울 지경에 이르렀다. 이처럼 디지털 문화는 시간이 흐를수록 더욱 확산할 것은 분명하나 그것에 대한 반작용 또한 만만찮을 것으로 예상한다. 디지털 문화가 확산할수록 한편으로 사람은 인간 면면의 실제적인 만남을 통한 따뜻한 정감을 더욱 그리워하게 될 것이다.

온라인이라는 가상공간이 현실의 문제를 쉽게 처리할 수 있도록 도움을 주어야 하는데, 오히려 활동해야 할 공간을 더

넓혀 놓음으로써 그만큼 더 힘들게 만들고 있다. 컴퓨터가 정보를 신속하게 처리해 주는 편리한 도구임이 틀림없다. 그러나 무한정의 정보를 생산함으로써 사용자로 하여금 정보 더미에 깔려 질식하게 할 수 있다. 정보사회에서는 감당해야 할 많은 일이 생겨나고, 그것을 신속하게 처리하기 위해서 빠르게 움직여야 한다. 이로 말미암아 많은 스트레스를 받을 수밖에 없다.

그러자 빠른 속도보다 느림이 더 인간적이고 삶을 여유롭게 할 수 있다는 역발상이 생겨났다. 이런 생각은 사회, 경제, 문화 전반에 걸쳐 아날로그의 역풍을 불러일으키고 있다. 이를 우리는 디지털 시대의 '아날로그에 대한 향수' 라고 말해 본다. 어느 찻집에서 한 시간 이상 누구를 기다려 본 사람은 '아날로그' 의 진정한 의미를 알고도 남을 것이다.

2006. 2.

프라이버시의 종말

고속도로를 타고 출근한다. 저쯤에 속도 측정기가 있다. 벌금을 물 수는 없지 않은가. 속도를 줄인다. 고속도로 나들목을 빠져나와 구제역 방제 지점에 이른다. 몇 시간 전에 세차했으나 희뿌연 물소독약을 덮어쓰지 않을 수 없다. 샛길로 접어드니 스쿨존이 나온다. 감시 카메라가 나를 향해 눈을 부라린다. 제한속도가 시속 30킬로인데 넘기고 말았다. 찍혔을까? 의구심을 떨칠 수 없다. 연구실 문 앞에 도착한다. 경비회사의 디지털 도난방지 시스템이 설치되어 있다. 카드를 기계 위에 댄다. "해제되었습니다."라는 기계음이 난다. 섬뜩한 느낌을 받으며 안으로 들어간다. 도시인 한 사람이 하루에 80회 정도 감시 카메라에 노출된다고 한다. 출근 시간 내내 감시를 받아온 셈이다. 컴퓨터를 켠다. 로그인을 몇 번 거쳐야 '결재' 시스템에 들어간다. 또 새로운 감시 체계가 작동한다.

메일을 열어본다. 꼭 필요한 정보는 십 분의 일도 안 된다. 거의 스팸이다. 그런데 문제는 그것의 정보 가치가 있고 없고가 아니라, 어떻게 나의 메일 주소를 알았는가 하는 점이다. 그것도 정확한 이름 석 자까지 말이다. 어디에 가입하라느니, 돈을 빌려 준다느니, 무슨 물건을 사라느니 하면서 유혹의 손길을 뻗쳐온다. '하느님, 저희를 유혹에 빠지지 않게 하시고 악에서 구하소서.' 라고 기도하지 않았다면 벌써 어떻게 되고 말았을지도 모른다. 종일 사무실 전화와 손전화는 쉴 틈이 없다. 마치 공짜로 줄 듯이 돈을 빌려 가라고 꼬인다. "회의 중입니다.", 혹은 "운전 중입니다."라는 거짓말을 하루에 몇 번 하는지 헤아릴 수도 없다. 퇴근쯤이면 대리운전회사에서 보내는 문자 메시지가 연이어 날아온다. 가족보다 더 자주 내 건강을 걱정한다. "너희가 나를 어쩌겠단 말인가. 제발 내버려 두라. 나를 아는 척하지 마라." 절규하고 싶은 심정이다.

오늘과 같은 디지털 시대에 사는 우리는 한 발만 움직여도 흔적이 남는다. 교통 카드로 버스나 전철을 타거나, 휴대폰으로 전화를 걸고 문자 메시지를 발송하거나, 인터넷에 접속하려고 로그인을 하거나, 물건을 사고 신용카드로 결제하거나, 차를 타고 도로를 주행하거나, 도보로 거리를 배회하더라도 곳곳의 디지털 시스템은 우리의 움직임을 낱낱이 기록한다. 사실 생각하는 것 이상으로 개인의 정보는 누출되고 있는지 모른다. 저 하늘 위에는 인공위성이 떠 있지 않은가. 마음만 먹으면 나의 일거수일투족까지 추적, 감시할 수 있을 것이다. 두더지처럼 땅속으로 파고들어도 고성능 지질 탐지기를 사용하여 금방 찾아내고 말 것이다. '나' 라는 개인을 남에게 띄지 않고 고스란히 간직할 수 있는 공간은 어디에도 없다. 이제 우리 누구도 전자 흔적을 남기지 않고 살아가기가 어려워졌다. 디지털은 프라이버시의 종말이고 무덤이다.

캐나다 요크대학의 정치학과 교수인 렉 휘티커는 자신의 저서 『개인의 죽음』에서 "새로운 감시 기술은 개인을 점점 더 노출하며 사적인 공간을 도피나 자기규정을 위해서 겨우 은거할 수 있는 정도로 무자비하게 축소한다."라고 하였다. 디지털 정보기술의 발전은 정보의 수집, 저장, 검색, 처리를 갈수록 쉽게 한다. 수집된 정보는 체계적인 구성과 압축을 통해 데이터베이스로 구축된다. 그런데 개인 신상과 관련된 이러한 데이터베이스가 상업적 욕망과 결탁하면 개인 정보 누출은 심각한 사회문제를 불러일으킬 수 있다. "트위터 사용자 80% '인맥 · 위치' 줄줄 샌다." 며칠 전 어느 일간지 기사의 제목이다. 개인 정보 누출에 대한 우려는 트위터나 페이스북과 같은 소셜 네트

워크의 확산으로 더욱 커질 것이다.

개인은 근대와 함께 태어났다. 자아의 주체성이 확보되면서 개인의 존재 의의가 인정되기 시작했다. 신으로부터 독립한 인간이 이성적 주체로서 인정받기까지는 그 여정이 평탄하지 않았다. 개인은 공동체의 힘에 눌려 개인의 밀실을 확보하지 못하고 주로 광장에 머물러야만 했다. 한국 사회에서도 개인이 제대로 대접받은 시기는 그리 오래되지 않았다. 한국 근·현대사는 대부분 광장의 이념이 지배했던 시대였다. 자아의 권리가 제대로 보장되는 개인의 밀실을 확보한 것도 겨우 1990년대에 들어와서다. 그런데 밀실로 들어오면서 컴퓨터를 안고 왔던 것이 문제였다. 디지털 문화가 밀실 발견의 최대 후원자였는데, 이제 밀실을 파괴하고 개인의 종말을 재촉하는 주범이 되고 말았다. 오늘 우리는 광장과 밀실을 모두 잃었다. 투명한 유리항아리 속에 갇힌 신세다. 아! 내 자아를 편안히 쉬게 할 공간은 어디에도 없단 말인가. 그리운 아날로그여!

2011. 1.

와인 한 잔

건물 팔 층에 있는 어느 와인 전문 레스토랑에서 수성못을 내려다본다. 유리창을 통해 시야에 들어오는 풍광은 나의 무딘 감각을 건드린다. 콘크리트 건물과 골프 연습장의 초록색 그물망이 시야를 자극하는 낮에는 그저 덤덤할 뿐이다. 하지만 석양이 앞산 하늘을 물들이는 시간이나 일몰 후 도시의 갖가지 불빛이 호수 수면에 내려앉을 때, 그 경치는 제법 장관을 이룬다. 자연경관에 민감하게 반응하지 못하는 사람일지라도, 이런 때에는 작게나마 탄성을 지르거나 요동치는 감흥의 노출을 자제하기 어려울 것이다. 그런데 감흥의 원천은 사실 탁자 위에 놓인 진홍색 레드 와인이다. 수성못 가의 야경과 크리스털 잔의 삼 분의 일을 채우고 있는 와인의 어울림은 환상적이다. 물

위를 수놓는 매혹적인 광선은 와인잔에 그대로 투영되어 겉과 속의 기묘한 결합을 이뤄내는데, 그 경계선을 구분하지 못할 정도다. '나'를 중심으로 와인과 주위의 풍광이 처음에는 삼각형의 구도를 취하고 있다가, 점점 둘의 거리가 좁혀지면서 결국은 하나가 되고 만다. 나도 그들에게 다가가 그 하나 속으로 녹아든다. 잔을 흔들어 침묵하는 바커스의 영혼을 깨운다. 그리고 와인잔을 들어 입으로 가져가는 순간 후각을 자극하는 형언할 수 없는 미묘한 향에 취한다. 한 모금의 와인이 입안을 적실 때 순간순간 다른 느낌으로 와 닿는 변화무상한 맛은 짜릿한 쾌감으로 전달된다. 그것이 세속적이든 영혼을 자극하는 초월적이든 상관없다. 창밖으로 향한 시선을 앞자리로 옮긴다. 거기에는 현실적인 계산과 이성적인 논리를 벗어난 순수한 마음의 지인이나 이성이 담담하게 마주 앉아 있다. 서로 침묵의 말을 주고받는다. 그때 언어는 와인의 향기와 맛과 색깔에 골고루 스민다. 그것은 초언어다. 주위 분위기와 와인과 마주 앉은 사람이 자연스럽게 하나를 이루며 디오니소스의 비극적 해방감이 온몸으로 퍼진다. 이럴 때 느끼는 유쾌함은 자학적이기까지 하다.

전통적인 서양 문화의 중심에 있는 와인에 동양인인 우리가 쉽게 다가가기 어려운 것은 당연하다. 각 나라 및 지방마다 생산되는 포도의 종류나 와인 제조 방법에 따라 맛과 향과 색깔은 천차만별이다. 세계에 유통되는 유명 브랜드 와인만 해도 이루 헤아릴 수 없다. 이러니 가격에 대비하여 최상으로 만족하는 와인을 고르기란 여간 어려운 일이 아니다. 그렇지만 별로 걱정할 필요 없다. 와인을 전문적으로 취급하는 곳에는 고객 서비스를 담당하는 전문인이 있기 때문이다. '소믈리에'라고 부르는 이들은 와인에 대한 풍부한 지식을 가지고 있으며, 고객이 자기 입맛에 맞는 와인을 고르도록 친절하게 조언해 준다. 이들 도움을 받으면 대체로 무난하게 와인을 고를 수 있다. 거기다가 와인을 자주 접하게 되면 자기 나름대로 취향과 선택 기준이 생긴다. 물론 선명한 선택 기준을 가졌다손 치더라도 종류가 너무 다양하기에 어느 하나를 택하는 과정에서 부담감을 느낄 수밖에 없다. 인생살이에서도 잘못된 선택으로 말미암아 회한과 자책에 빠지듯이, 와인을 고를 때도 마찬가지다. 선택의 가능성이 열려 있고, 책임이 나에게 주어지면 부담감을 느끼기 마련이다. 그런데 다소 안심해도 되는 부분이 있는데, 이것이 와인의 매력이다. 사람도 처음 대면하자마자 금방 가까워질 수 없다. 서로의 마음을 터놓을 정도로 편해지기까지는 적잖은 시간이 걸린다. 와인을 골라 첫 모금을 입안에 넣고 맛을 보는 순간의 느낌은 대체로 새로운 맛과 향이 주는 신선한 쾌감보다는 어색함과 낯섦이다. 그 순간 와인을 잘못 골랐다는 후회스러운 느낌이 살짝 스쳐 간다. 그러다가 입안에 남는 끝맛의 여운이 전해지면서 구겨졌던 마음이 서서히 풀리기 시작한다. 두 잔 정도 마시고 나면 와인 고유의 맛과 향에 길들어 찬사를 연발하며, 와인맛 속으로 푹 빠지고 만다. 첫 잔에 와인을 평가하지 말자는 것이 나의 지론이다. 와인은 내가 마음을 열면 그때서야 서서히 다가오기 때문이다.

와인의 본질은 원래 즐기는 것이 아니라 빵과 같은 하나의 음식물이었다. 식욕을 돋우기 위해 식사와 함께 마시는 것이었다. 식사의 한 부분을 차지하고 있을 때 와인은 보편화된 음료였고, 식사 때는 어떤 장소에서나 마실 수 있었다. 따로 와인만을 마시는 공간이 필요 없었다. 그런데 와인은 처음부터 배를 채우는 빵이나, 갈증을 해소하는 물과는 달랐다. 식사 때 없어도 무방하다는 말이다. 식사의 한 부분으로 시작했으나, 와인은 효용이 음식과 변별되기 시작하면서부터 전문화되어 갔으며, 허기를 채우는 음식이 아니라 즐기는 쾌락의 대상으로 바뀌었다. 우리나라에서도 와인 문화는 젊은 층을 중심으로 확산되면서 음식으로서 테이블 와인의 개념보다는 소주, 양주, 막걸리 등과 같은 술의 한 종류로서 정착되어 가고 있다. 와인을 마실 수 있는 곳은 레스토랑이지만, 그곳에서는 식사보다는 와인이 중심이 된다. 우리는 술을 마시면서 보통 안주를 곁들인다. 많은 사람이 와인의 종류와 안주가 이루는 최상의 궁합을 정식화하고자 한다. 그것은 서구 문화 속에서 굳어진 관습이기도 하고 과학적인 근거도 있기 때문에 수긍이 가는 대목이다.

하지만 와인의 가장 좋은 안주는 마주 앉아 와인잔을 함께 부딪치는 사람이다. 안주와 술이 잘 맞아떨어질 때 술맛이 배가 되듯이 와인의 맛도 더불어 마시는 상대에 따라 그 높낮이가 달라진다. 집에서 혼자 마시는 와인에 크게 만족하지 못하는 까닭이 여기에 있다. 와인은 마시는 술이라기보다는 대화의 채널이다. 이상적인 술자리는 술보다 사람이 우선되어야 하지만, 우리의 술 문화에서는 종종 사람은 제외되고 술만 남는 일이 있다. 그런데 와인을 마시는 경우 술과 사람은 늘 평등하다. 와인의 향과 맛을 실은 대화를 통해 인간관계를 두텁게 하고 상호 간에 이해심을 더해 주는 것이 와인이다. 와인을 마시면서 목소리를 높이는 논쟁은 어울리지 않는다. 와인은 정감 어린 작은 목소리로 사랑을 표현하는 데 가장 적절한 술이다.

릴케는 〈가을날〉이란 시에서 이틀만 남국의 햇볕을 더 내려 주어 포도를 잘 익게 하고, 단맛이 짙은 포도주 속에 스미게 해 달라고 기도한다. 포도주는 신이 대지의 인간에게 내려 준 가장 풍성하고 완숙한 선물이라는 것이다. 포도주는 이처럼 신이 준 삶의 축복이다. 그래서 한 잔의 와인을 마시며 무한한 행복감에 젖어들고, 잘 익은 포도주의 맛과 향기를 통해 인생의 완숙미를 추구하는 진지한 태도를 가져 보기도 한다. 보들레르는 〈포도주의 영혼〉에서 "노동에 지쳐 빠진 인간의 목구멍을 통해 / 흐를 때 나는 무한의 기쁨을 느끼며", "자네의 황홀한 눈을 나는 빛나게 해 주마"라고 하였다. 인간에게 기쁨과 황홀감을 주는 와인의 효용을 찬미한다. 물론 이 같은 시구의 내용은 하루의 힘든 노동을 끝내고 한 잔의 소주나 맥주를 마시고 일상의 고단함을 풀어 보고자 하는 우리의 대중적인 술 문화에도 해당한다는 점에서 반드시 와인만이 받아야 할 찬사는 아니다. 그렇지만 와인에 취하지 않으면 느끼지 못할 매혹적인 황홀감과 정취는 다른 술의 경우와 도저히 평준화되기 어렵다. 물론 와인은 늘 찬미의 대상만은 아니다. 와인도 과하게 마시면 몸에 무리를 준다. 레드 와인이 심장병에 좋다는 건강 상식에 기대어 자주 과음한다면 알코올 중독자가 된다. 신화에 기록된 이야기에 의하면, 디오니소스가 길을 가다가 나뭇가지 하나를 줍는다. 이것을 새의 뼛속에, 다시 사자의 뼛속에, 마지막으로 당나귀 뼛속에 각각 한 번씩 넣었다 뺐다고 한다. 이 나뭇가지가 후에 그리스의 낙소스섬에 심어져 최초의 포도나무로 자라나게 되었으며, 이 포도나무에서 열린 포도로 와인이 처음 만들어졌다고 한다. 그래서인지 와인을 마시면 처음엔 새처럼 재잘거리고, 다음엔 사자처럼 난폭하게 변했다가 끝에 가서는 당나귀처럼 우매해진다는 것이다. 디오니소스가 인간에게 선물을 주면서, 그 오용에 따른 부작용까지 동시에 경고하고 있다. 잔의 반을 넘도록 채워진 와인은 절제와 균형을 상실한 저급한 탐욕의 이미지로 전해지는 이유를 알 만하다.

이십여 년 전 나에게 와인에 다가갈 수 있도록 이끌어 준

동료는 늘 '와인은 종합예술'이라고 찬사를 아끼지 않았다. 레드나 화이트 와인의 다양한 색상이 주는 시각적인 매력, 와인잔을 입에 대는 순간 스며드는 후각을 자극하는 독특한 향, 한 모금을 입안에 넣고 골고루 퍼지게 했을 때 느껴지는 미각, 크리스털 와인잔을 서로 부딪쳤을 때 공명하는 신비한 음향의 청각, 특정한 공간의 조명이나 음악이 연출하는 분위기 등은 사람의 오감을 총체적으로 자극한다. 그래서 종합예술이란 것이다. 와인이 신이 인간에게 내린 은혜라면 그 자체는 벌써 예술을 초월한 차원이다. 포도주가 오랜 세월 동안 농익어 신비한 세계를 드러내고, 그것을 음미하는 행위는 분명 예술이다. 니체는 그의 저서 『비극의 탄생』에서 예술의 영역을 아폴론적인 것과 디오니소스적인 것으로 구분했다. 아폴론은 꿈과 표상을 가지고 아름다운 형상을 만들어 낸다. 아름다운 형상이란 그렇지 못한 것과의 구분을 통해 인식할 수 있다. 따라서 아폴론은 개별화의 원칙 아래에서 개체와 개체의 경계를 지향한다. 반면에 디오니소스적인 예술은 도취와 황홀의 유희에 기반을 둔다. 디오니소스는 인간을 자기 망각으로 몰고 가는 도취의 신이다. 여기서 개별화의 원리는 깨어지고 모든 것이 한 덩어리로 융합하여 축제의 차원을 연출한다. 디오니소스적인 축제에서 인간과 인간은 화합하고 인간과 자연도 화해할 수밖에 없다. "표범과 호랑이들은 꽃으로 장식한 디오니소스의 마차를 끈다." 모든 관습과 규율에서 오는 구속은 와해하고 오직 자유의 노래만이 울려 퍼진다. 인위적인 법이 무너지고 논리에 바탕을 둔 언어도 사라진다. 디오니소스 예술에서 예술가는 예술가가 아니라 마법에 걸린 예술 자체다. 와인에 취하는 것은 마법 세계로 들어가는 것과 다를 바 없다. 그것이 예술이라면 니체가 말하는 디오니소스적인 것이다. 와인을 마실 때 최상의 안주는 마주 앉아 있는 사람이며, 이들 간의 마음이 합일된 상태에 도달할 때 와인의 맛은 최고조에 이를 수 있는 것도 이런 연유에서다.

나는 와인 전문가가 아니다. 단지 좋아할 따름이다. 술을 마실 때 와인만을 고집하지도 않는다. 다른 사람과 어울리는 자리에서 어떤 술이라도 무방하다. 하지만 언제나 내 마음 한 구석에는 와인에 대한 애착과 욕망이 도사리고 있다. 조건이 별로 억지스럽지 않다면 와인을 택한다. 와인을 마시면서 조용하게 내 마음의 심연을 들여다보고, 때로는 마주한 상대와 최소한의 언어로 나를 드러낸다. 그럴 때 가장 나를 솔직하게 드러낼 수 있다. 대부분의 술자리는 정치와 사회와 일과 같은 현실적인 문제를 안주 삼아 고조된 목소리와 과장된 언행으로 일관되기 일쑤다. 그런데 와인을 앞에 두었을 때는 시간과 공간의 분리감이 사라지고 자연스럽게 나 스스로가 정화되는 기분에 빠진다. 그것은 교양을 가장한 엄숙주의와는 다르다. 인간이 근원적으로 비극적인 존재임을 인식할 만큼 순진해진다는 뜻이다. 내가 와인을 마시자고 주장하거나 와인에 대해 찬사를 하게 되면 주위 일부는 나를 곱게 보지 않는다. 나의 이런 취향을 두고 부르주아적이니 이국적이니 하면서 비아냥거리기도 한다. 촌놈이 우리의 토속적인 것을 외면하고, 남의 것을 선망하는 주체성 없는 인간으로 매도될지도 모른다. 와인을 즐기는 취향은 이데올로기와 무관하다. 그것은 디오니소스적 도취로서 참과 허위의 구분을 전제하지 않기 때문이다. 와인도 술의 한 종류이며 그것을 즐기는 것도 문화의 한 부분이므로 규범이 있으나 그것을 대하는 개인의 고유한 체험과 정서는 다양함을 인정할 필요가 있다. 여기에 어떤 정형화된 잣대를 들이대어 재단하는 것은 폭력에 가깝다. 나의 작은 소망은 앞으로 살아가는 동안 와인 한 잔을 즐길 수 있을 만큼의 여건이 유지되는 것이다.

사이버공간에서 나의 닉네임인 '와인한잔'은 끝까지 버리지 않을 작정이다.

2005. 11.

나는 계획한다, 분서焚書를

책을 그만 사야겠다는 결심이 또 꺾이고 만다. 외부의 힘에 의해서가 아니라 나 스스로 그것을 지키지 못했으니 문제는 나에게 있다. 단순한 문제가 아니다. 결심하고는 돌아서서 금방 허물어 버리니 분명 정상이 아니다. 오늘 그 사람을 만나면 이 말은 꼭 해야지, 라고 마음먹었는데 막상 만나 얼굴을 쳐다보는 순간 머릿속이 하얗게 비워지는 때가 있다. 이럴 때처럼 책을 사고 싶은 욕심을 줄이겠다는 결심은 늘 물거품이 되고 만다. 오랫동안 앓아 온 병이다. 잘 알고 있는 병이라 이제는 다스릴 수 있을 것 같은데, 아직도 그 병으로 허우적댄다. 증세가 다소 호전되었는지는 모르겠다. 지병이 건강에 관한 관심을 키운다고들 하는데, 내 경우는 그렇지 못하다. 미망과 어리석음만 키워 온 것 같다. 주린 배 허기 채우듯이 허겁지겁 덤벙대어 보았으나 갈수록 내 영혼은 수척해지기만 했다. 영혼을 살찌게 한다는 것은 미명일 뿐이다. 욕망의 끝없는 기둥에 매달려 바동거리는 모습이 가련하기 짝이 없다.

교서관 사장이 연구실 문을 열고 들어선다. 그의 양어깨에는 무거운 책가방이 달려 있고 양팔에 안은 책의 높이가 이마에 이른다. 탁자 위에 펼쳐 놓은 책은 족히 50여 권은 될 듯하다. 거래해 온 지 이십 년이 넘은 터라, 그는 내가 어떤 분야에 관심을 두고 있으며, 무슨 책이 있어야 하는지를 꿰뚫고 있다. "신 교수님, 책 구경해 봐요. 전부 신간인데……."라고 하면서 낚시 밑밥을 던진다. "이제 책 안 산다고 했는데, 왜 또 왔어요."라고 하면서도 어느새 내 몸과 마음은 책 쪽으로 다가간다. 병의 증세가 드러나기 시작한다. 무거운 책을 안고 멀리 온 사람을 문전박대할 수야 있나, 꼭 필요한 것이 있으면 한두 권만 사면 되지, 하면서 고른 것이 열 권이 넘는다. 두꺼운 전공서적이라 책값이 이십만 원에 육박한다. 책을 손에 넣을 때의 황홀했던 순간도 잠시다. 난 또 불안한 내 영혼의 초라한 도피처를 만들고 있었다.

책한테 몽땅 빼앗겼던 내 연구실 공간을 되찾기 위해 내 안에서 전쟁을 치른 적이 있다. 앞으로 저 많은 책을 읽는다는 것은 불가능하며, 그것이 언젠가는 꼭 소용되리라는 보장도 없으니 과감하게 던져 버리자고 결심했다. 목차를 검토하고 버릴 것과 소장할 것을 가리게 되면 한 권도 버릴 수 없다는 생각이 들어 대충 제목만 보고 수백 권을 골랐다. 그런데 쓰레기 더미에 던지고 나니 수박 속을 파먹고 난 후의 빈껍데기만 남은 것 같은 허전함이 밀려왔다. 혹시 모를 일이다. 꼭 필요해서 다시 찾게 될 때의 낭패감을 어찌 감당하겠느냐는 핑계를 내세워 계획을 수정하였다. 연구실에서 추방하되 만약을 위해 학과 사무실이나 다른 장소에 보관해 두기로 작정했다. 그런데 못 미더워 오가면서 다시 빼 들고 연구실로 되가져 온 책이 수십 권이었다. 고리를 완전하게 끊지 못한 채 집착으로 충혈된 내 영혼은 안쓰럽기 짝이 없었다.

연구실은 출입문을 제외하고는 사방이 온통 서가로 찼다. 그러니 연구실 서가에서 책을 금방 찾기란 쉽지 않다. 몇 날 며칠 뒤질 때도 있다. 이럴 때에는 집에 두었는가, 누구한테 빌려주었는가, 아니면 원래 구입하지 않았던 것은 아닌가, 하고 별 생각을 다 한다. 책을 분산시켜서는 안 된다는 생각을 하면서도, 공간 때문에 어쩔 수 없었다. 생각해 낸 것이 분류하는 방법이었다. 문학 작품이나 교양서는 집에, 전공 관련 책은 연구실에 두고, 볼 가능성이 거의 없는 책은 학과 사무실 등의 장소에 각각 나누어 비치했다. 하지만 분류의 경계라는 것도 모호

한 것이 아닌가. 처음에는 이런 분류 규칙이 어느 정도 준수되었으나 시간이 지나면 뒤죽박죽이 되어 헝클어지고 만다. 주위에선 도서관처럼 소장 도서 목록을 만들라고 권하기도 한다. 그리하려면 몇 년은 족히 걸릴 것 같아 엄두를 내지 못한다. 오늘도 천장 가까이 있는 서가 꼭대기를 한참이나 쳐다보았더니 목도 아프고 눈도 따갑다.

서점에 가서는 필요하다면 꼭 한 권만 책을 산다. 그리고 수중에 넣고 싶은 책이 있으면 적어 두었다가 몇 개월 만에 한 번씩 인터넷으로 주문한다. 이것이 근래 어느 정도 실천되고 있는 나의 책 사기 원칙이다. 인터넷으로 살 때 결제는 아내의 복지 후원금으로 한다. 그렇게 하면 아내에게 미안해서 반 이상은 포기하기 때문이다. 이런저런 잔꾀를 내고 있으나, 그것은 병의 뿌리가 깊어 근원적인 처방이 되지 못한다. 학교 도서관에서 책을 빌리는 쪽으로 가닥을 잡은 적도 있다. 신청서를 내면 가능한 한 구매해 주지만 시간이 꽤 오래 걸린다. 시간이 지나면 욕망도 반감되어 막상 손에 넣어도 큰 감흥을 받지 못한다. 사실은 시간도 시간이지만 도서관이나 다른 사람한테 빌려서 보는 책은 애정이 가지 않는다. 나를 버리고 떠나갈 것을 뻔히 알면서 그 사람을 사랑하기란 쉽지 않은 것과 다를 바 없다. 눈으로만 읽고 밑줄 하나 그을 수 없다는 점이 불편하고 아쉽다. 나는 밑줄을 긋거나 메모하지 않고는 한 쪽의 책도 읽지 못하기 때문이다. 정말 뒤틀린 영혼이다.

연구실을 이웃하고 있는 동료 교수의 이야기다. 유달리 책에 대해 애착이 많았던 선배가 일찍 세상을 뜨게 되었다. 귀중한 자료도 더러 있고 유족의 형편도 넉넉잖은 것 같아, 도움을 주려고 책을 맡았다. 목록도 작성하고 사방으로 판로를 찾았으나 여의치 못했다. 하는 수 없어 도서관에 그냥 기증하려고 하니 도서관 측에서 선별해서는 가능하지만, 일괄 기증받는 것은 안 된다고 했다. 그럭저럭 시간은 흐르고 책을 보관할 장소가 문제가 되었다. 학교 앞 원룸을 얻어 월세를 줘 가면서 방법을 모색하는 중이었다. 그런데 그 건물이 동료 교수도 모르는 사이 남의 손에 넘어가게 되었다. 새 주인이 들어와 방에 방치된 헌책을 고물로 팔아넘기고 말았다는 것이다. 시시비비를 가려 얼마의 보상을 받기는 했지만, 그것이 어찌 없어진 책의 가치에 값하겠는가. 책에 대한 외경심이 땅에 떨어졌음을 너무나 잘 말해 주는 일이다. 제대하고 돌아와 보니 입대하면서 하숙집 창고에 보관해 두었던 책이 썩어 볼 수 없게 되었다. 오랫동안 가슴 아팠던 기억이 있다.

거실에 붙박이 서가를 설치하고 연구실에 있던 책 일부를 옮기고 신간을 의도적으로 비치했다. 교양서 위주로 서가를 채워 갔다. 가족을 위한 배려였다. 대학생인 딸과 아들이 책을 즐겨 읽었으면 하는 바람이 간절했기 때문이다. '거실을 서가로'라는 캐치프레이즈가 우리 가정에도 효력이 있기를 바랐으나 거의 변화가 없었다. 돋보기를 상용하는 아내는 물론이고, 국어 교육을 전공하는 딸도 학과 공부에 지쳐 서가에 거의 손길이 미치지 않았다. 아내는 오랫동안 단련이 되어 무던하게 참아 주는데, 딸은 나의 고질병을 못마땅한 듯이 힐난조로 말하기도 했다. 아들도 책을 열심히 읽는 눈치가 아니었다. 대학생이 된 아들에게 반협박 비슷하게 일주일에 독후감 한 편씩 써내지 않으면 용돈을 깎겠다고 엄포를 놓은 적이 있다. 나의 참패였다. 포기하고 말았다. 스스로 가까이 다가가는 날이 있기를 희망할 따름이다. 나는 아직도 가르치는 학생들에게 학기 시작 때와 종강 때 훈시로 이렇게 말한다. "교수로서 가장 설득력 없는 말인 줄 알지만 그래도 해야겠습니다. 책을 읽지 않는 사람은 진정한 대학생이라 할 수 없습니다."라고 말이다.

중학교 때부터 대구에서 유학했다. 교과서 외엔 방학책밖에 볼 수 없었던 내가 책으로 빼곡한 도서관 서가를 처음 보았다. 별천지에 온 느낌이었다. 그곳에서 살았다. 그때부터 사방이 책으로 둘러싸인 나만의 공간을 꿈꾸어 왔다. 그것은 내 의식 속에 욕망으로 침전되었다가 기회만 있으면 수면 위로 불쑥불쑥 나타났다. 서점에 가는 일이 가장 행복했다. 그곳은 언제나 황홀했다. 서점의 서가에 꽂힌 책을 뽑아드는 순간의 설렘에 차츰 중독되어 갔다. 끝내는 병이 되고 말았지만, 서점을 부지런히 드나들었던 것은 내 공부의 좋은 밑거름이 되었다. 어쨌든 나는 지금 사방이 책으로 가득 차 있는 내 연구실에서 이 글을 쓰고 있으니 꿈을 이룬 셈이다. 그런데도 책으로 향하는 내 욕망은 크게 줄어들지 않은 것 같다. 분명히 책은 나를 배반하지 않으리라. 서가에서 나를 내려다보면서 내 손길이 닿기를 기다리고 있는 한, 내 삶은 외롭거나 삭막하지 않으리라 믿는다. 책을 사서 내 곁에 두고 싶은 나의 욕망이 헛된 것에 지나지 않는다 하더라도, 그것은 내 존재의 버팀목이라는 생각을 해 본다.

내 책들에 대해 책임을 다하기에는 시간과 힘이 부족하다. 내 품 안에 들어온 것도 온전히 품지 못하는데, 또 새로운 인연을 맺는 것은 기존의 책에 대한 예의가 아닐뿐더러 과욕이다. 자유를 위해 책을 옆에 두었지만, 두면 둘수록 자유에 목마를 수밖에 없지 않은가. 더 큰 자유로 가는 길은 붙잡고 있는 줄을 놓는 일이다. 가슴이 아파도 되돌아보아서는 안 된다. 물론 품위 있는 이별이 되어야 한다. 홀대받을 것을 뻔히 알면서 알량한 선심을 앞세워 누구에게 건네고 싶지 않다. 내 자식에게 물려준다 해도 크게 환영받지 못할 것이며, 머잖아 쓰레기 더미에 던져지고 말 것이다. 나는 내 책이 공부를 위해 필요했던 것이 아니라, 그 자체를 하나의 존재로 인정하고 싶다. 그래서 언젠가는 문갑 위에 단 한 권의 책도 놓이지 않은 그런 공간을 만들어야겠다는 새로운 꿈을 꾼다. 그것은 지금까지 쏟아온 책에 대한 열정과 욕망을 승화시켜 가장 아름다운 한 권의 책에 새기는 일이다. 그 책은 종이로 된 두께 있는 책이 아니라 내 영혼의 책이다. 나는 계획한다, 분서焚書를.

2007. 12.

편지

올봄에 잘 모르는 어느 여류 수필가로부터 한 통의 편지를 받았다. 뜻밖이었다. 수필 전문지에 실린 내 평론에 자신의 작품을 호평해주어서 고맙다는 내용이다. 내가 수필 잡지에 작품평을 실어 온 지 몇 년 되었다. 근년에 들어와 수필 인구가 많이 늘어나기도 했고 나의 과문한 탓도 있어, 문단에서 활동하는 작가를 거의 모르는 상태에서 작품만으로 평을 써 왔다. 더러 전화나 메일로 연락해 오는 때는 있어도 이렇게 친필로 편지를 써서 보내는 경우는 거의 없었다. 연두색 편지지에 가지런히 적힌 예쁜 글씨는 바로 옆에서 정감 어린 말을 걸어오는 듯했다. 편지를 보낸 사람의 따뜻하고 향기로운 마음마저 전해왔다. 편지를 읽고 나니 온종일 기분이 좋았다. 몇 번이나 읽고 또 읽었다. 그리고 편지를 잘 받았노라고 이메일로 답장을 보냈다. 그러면서 친필로 편지를 쓰지 않은 지도 참으로 오래되었구나, 라는 생각을 했다.

문자를 깨우치고 짧은 문장이나마 쓸 수 있게 되면서부터 편지를 쓰기 시작했다. 삼촌과 형님이 일 년 시차를 두고 군에 입대하였는데, 두 사람에게 편지를 보내고 답장을 쓰는 일은 나의 몫이었다. 한글을 읽고 쓰는 데 불편함이 없었는데도 부모님은 편지 읽고 쓰는 일을 굳이 나에게 맡겼다. 부쳐온 편지를 본인들이 미리 읽고서도 꼭 나에게 읽어보라고 시켰다. 답장을 써서 봉투를 봉하기 전에도 반드시 부모님 앞에서 읽었다. 부모님은 한 번도 나무라거나 잘못되었으니 고치라고 한 적이 없었다. "잘 썼구나."가 아니면, "실력이 갈수록 늘고 있구나."라고 칭찬을 아끼지 않았다. 어린 나는 신명이 나서 군복무 중이던 두 사람에게 편지 쓰는 임무를 흔쾌히 수행했다. 그때 어른들이 즐겨 썼던 편지투 문구가 지금도 입에서 술술 나온다. 그리고 정작 내 군번은 못 외워도 형님의 '논산 젓가락 군번' 은 기억한다.

중학교에 들어가면서 편지를 더 자주 쓰게 되었다. 그때부터 줄곧 혼자 객지에서 학교에 다녔기 때문이다. 교통이 불편하여 방학이 아니면 고향에 가기가 어려웠다. 양식과 반찬거리가 떨어졌다, 등록금과 용돈이 필요하다, 몸이 아프다 등, "아뢰올 말씀은 다름이 아니오라"라는 문구로부터 시작하는 사연을 수도 없이 반복하였다. 조금씩 철들면서 부모가 농사일로 고생하는데 도시에서 편안히 공부하는 내가 무슨 죄를 짓는 것 같아 안부 편지라도 자주 보내야 한다는 의무감이 늘 자리 잡고 있었다. 편지의 품 안은 넉넉하여 많은 것을 수용했다. 코앞에서는 하기 곤란한 이야기도 편지에서는 다할 수 있었다. 마음속 억눌렸던 말도 편지로는 가능했다. 적절한 예의와 겸손도 배웠다. 편지를 쓰면서 내 생각과 주장을 말하기 전에 상대방을 먼저 생각하고 배려하는 법도 알았다. 편지 쓰기는 나에게 좋은 공부였다.

삼십여 개월의 군대 생활에서 편지는 나를 지탱해준 버팀목이었다. 늦게 입대하여 이십 대 후반의 나이에 군 복무를 했다. 군 생활에 적응하기가 쉽지 않았다. 외부와 차단된 조직에서 내가 사회와 소통할 수 있는 유일한 통로가 편지였다. 틈만 나면 편지를 썼다. 훈련이 없는 휴일에는 종일 편지에 매달렸다. 열 통 넘게 쓴 적도 있었다. 쓰고 또 썼다. 야간 근무 중에는 판초 우의를 덮어쓰고 손전등을 비춰가면서 쓸 때도 있었다. 처음에는 답장을 기대했으나 나중에는 쓰는 자체만으로 만족했다. 내가 서너 통 써야 한 통의 답장을 받을까 말까 했다. 여고 교사로 근무하다가 입대하여 제자들한테 편지를 많이 받았다. 한 통의 편지도 받지 못하는 날은 우울하고 허전했다. 당시 받은 편지 중 일부는 지금까지 내 연구실 서랍에 보관하고 있다. 가족, 대학 동기, 제자, 친구와 그때만큼 진솔한 이야기를 나눈 적은 없었다.

매일 연구실이나 집으로 부쳐오는 적잖은 우편물을 받는다. 하지만 대부분 고지서와 광고물이다. 봉투의 주소를 친필로 쓴 우편물도 드문데 하물며 봉투 속에 든 내용물이야 말해 뭣하겠는가. 아무런 생동감도 없는 활자들이 물건을 사라, 돈을 내라고 하면서 내 지갑을 잔뜩 노리고 있다. 온라인의 이메일도 마찬가지다. 온통 광고와 스팸메일투성이다. 잠시 정리를 미루면 우편함은 여름 밭의 잡초처럼 쓸데없는 메일로 가득 차고 만다. 그 많은 메일 중 나한테 꼭 필요한 정보를 주는 것은 쌀에 뉘 섞인 듯하다. 더욱이 이름을 호칭하고 안부를 묻는 등 인간관계를 전제한 메일은 흔치 않다. '메일'에는 정보의 앙상한 몸체만 존재할 뿐 그것을 보내는 사람의 마음에서 분사된 정서적 표정이 보이지 않는다. 정보는 있으나 인간적인 상호소통은 부재한다. '편지'와 '메일'의 거리가 이렇게 극명할 줄이야!

인터넷 이전 세대에게는 연모하는 이성에게 밤새워 편지를 썼던 추억이 있다. 막상 날이 밝아 그 편지를 우체통에 넣으

려니 용기가 나지 않아 얼마나 망설였던가. 몇 날 며칠 가방 속에 넣고 다니다가 결국은 부치지 못한 편지도 있었다. 이성한테 받은 편지는 몇 번이나 읽고 또 읽었던가. 그것도 모자라 일기장 한 페이지에 곱게 붙여 오래도록 간직했던 기억도 있을 것이다. 편지도 오늘날 디지털 미디어와 마찬가지로 정보를 전달하는 하나의 매체임이 틀림없다. 그러나 매체는 메시지라고 하지 않던가. 편지는 인간이 발명한 매체 중 소통의 농도가 가장 짙은 것이 아닌가 싶다. 전달이 늦어서 기다려지고, 오래 기다린 끝에 받으니 기쁨은 배가 되는 것이 편지다. 뼈대만 앙상한 문자 메시지에 견주어 보면 잘 알 수 있다. 보내온 사람의 인정과 마음의 향기가 넘쳐나는 아름다운 편지 한 통이 그리운 시대다.

그런데 누가 나에게 친필의 편지 한 통을 부쳐 오겠는가. 내가 그러지 못하는데.

2011. 6.

언어의 무늬와 빛깔

장미는 화려한 색깔 때문에 그 이름으로 존재하고, 백합은 깨끗한 순백으로 말미암아 순결한 이미지로 우리 기억에 남는다. 얼룩무늬가 없는 호랑이 가죽은 개의 가죽과 다를 바 없다. 존재하는 모든 것은 자기 나름의 빛깔을 가지고 있다. 빛은 바로 밝음이다. 이 밝음 때문에 사물은 자신만의 선명한 윤곽을 지니고 타자와 구별될 수 있다. 빛은 존재를 규정해 주는 근거인 셈이다.

진정한 존재의 빛깔은 저 깊숙한 본질에서 우러나오는 색이다. 그것은 인공적으로 만들어진 장식이 아니라, 자연스럽게 이루어진 것이기에 아름답고 조화롭다. 태양이 수평선을 뚫고 솟아오를 무렵 동녘 하늘을 물들인 홍조는 화가의 어떠한 채색보다도 아름답고 황홀한 느낌이 든다.

무릇 말에도 빛깔과 무늬가 있다. 흐르는 강물이 언제나 물결을 일으키고 조수의 흐름에 따라 바닷물이 파도로 출렁이듯이 인간의 성정性情에서 우러나오는 문장에도 출렁이는 물결이 있다. 그것이 문장의 무늬요 색깔이다. 이를 문채文采라 한다. 모든 존재가 각자 지니는 아름다운 광채 혹은 고유한 무늬가 문체이다.

언어의 문체는 화려한 표현이나 보기 좋게 꾸민 글귀를 뜻하는 것이 아니다. 그것은 언어의 자연스러운 표현에서 우러나오는 문장의 본질적인 특징이다. 즉, 문체의 아름다움은 성정의 진지함에 의해 결정된다. 말을 다루고 언어를 구사함에 주체가 어떤 태도를 보이느냐에 따라 문체가 구분되는 것이다. 아무리 용모를 아름답게 꾸미고 화려한 장식을 하였다 하더라도 그 사람의 아름다움은 겉으로 꾸민 것에 의해 결정되는 것이 아니라, 원래의 자태가 가지고 있는 아름다움에서 나오는 것이다. 문장에서 이 원래의 자태란 바로 글쓴이의 성정이다. 이처럼 문장의 문체는 글을 쓰는 사람의 성정에서 배어 나온다. 또한, 도리에 어긋나지 않으면서 진지한 감정을 드러내기 위한 말의 운용에서 비롯된 것이기도 하다.

겉으로 표현하는 말과 내심의 의도가 상반되었을 때는 진정함을 잃기가 쉽다. 도덕적 결백을 강력히 주장하던 정치가의 말이 침도 마르기 전에 거짓으로 판명되는 것을 자주 보아왔다. 선거 유세장에서 군중을 앞에 두고 철석같이 맹세했던 입후보자의 공약公約이 공약空約이 되는 경우가 허다하다. 그래서 일반적으로 정치가의 능변과 웅변을 신뢰하지 않는 경향이 있다. 남자가 난을 심으면 꽃이 피어나도 꽃에서 향기가 나지 않는다는 옛말이 있다. 즉, 남자에는 꽃과 상응하는 정취가 없어서 그렇다는 것이다. 미미한 풀조차도 그러하거늘 말로써 진실을 지향하는 문장에서 말과 의도가 상반된다면 이를 어찌 믿을 수 있겠는가? 이처럼 말의 문체는 말하는 것과 내심 지향하는 것의 일치에서 생겨나는 광택이다.

아름다운 표현이나 수사는 그 자체로서는 의의 있는 것이 아니다. 뜻을 바르게 정돈하고 진정한 감정을 드러내기 위해서 소용되는 것이다. 표현과 수사가 지나치게 돌출하면 나타내고자 하는 뜻과 감정을 가릴 수 있다. 끓어오르는 욕망과 감정이 절제되지 않으면 표현이 과장되고 수사가 현란해진다. 진리와 진정한 감정을 표현한다는 목적보다는 글로써 명성을 얻고자 하는 욕심이 앞서기 때문이다. 물론 저 밑바닥에서 솟아오르는 욕망을 억지로 누르고 상투적인 도덕을 앞세우는 글도 공허한 메아리로 전해질 가능성이 짙다. 아름다운 문채는 지나친 과장도 아니고 억지의 절제도 아니다. 그것은 자연스러운 원래의 색깔을 좇아가는 것이라 할 수 있다.

문채가 광채를 가질 때 언어는 멀리 퍼져갈 수 있으며, 아름다운 빛깔과 향기를 가질 때 오랫동안 많은 사람의 가슴속에 살아 움직일 수 있다. 글의 생명은 바로 문채다. 오랜 세월과 모진 풍파에도 빛바래지 않기 위해서는 문채가 본색을 바탕으로 더해져야 한다. 문의 본색이 풍부한 사상과 감정이고 보면, 문체의 아름다움은 외적인 꾸밈에 근거하는 것이 아니라 문이 담고 있는 내용의 질에 의해 결정된다고 하겠다. 그리고 문채의 근원이 본색과 정색을 소중히 여기는 것이라고 한다면, 문장의 문채는 단정한 사상과 풍부한 감정이라 할 수 있다.

1997. 6.

제2부

어머니의 장한몽

산골 아이의 겨울

칡 멜방

어머니의 장한몽

형님이 보내준 쌀 한 말

황금들판

지게

타인의 시선과 욕망으로부터

워낭소리

사진 이야기

앉은 자리가 꽃자리

산골 아이의 겨울

산골짜기로 난 구불구불한 오르막길을 한참 올라왔다. 50년이 넘는 삶의 여정도 굽이굽이 고갯길이었으리라. 잿마루에 오르니 시야가 확 트였다. 남은 내 인생에도 이 같은 밝은 전망의 날이 있을까? 차에서 내려 간이 쉼터에 앉았다. 고향 땅을 알려 주는 이정표가 새치름하게 서 있다. 실핏줄을 드러내고 있는 참나무 가지가 작게 떨리고, 솔숲을 달리는 바람 소리가 앙칼졌다. 도로 가에는 눈이 군데군데 쌓여 있다. 어디서 달려왔는지 산토끼 한 마리가 도로를 가로질러 시멘트 방벽을 기어오르다가 수로로 툭 떨어졌다. 당황한 토끼의 두 눈이 나의 눈과 마주쳤다. 순간적으로 저도 놀라고 나도 놀랐다. 토끼는 결국 산으로 오르지 못하고 수로를 따라 줄행랑을 놓았다. 하늘을 향해 수직으로 쳐들린 두 귀가 잔상으로 남았다. 동지(冬至)의 짧은 해가 벌써 넘어가는지 산그늘이 산골을 차갑게 휘감았다. 고개를 넘어서니 저 멀리 낯익은 고향 산천이 흐릿하게 다가왔다.

등에는 책보가 대각선으로 매달려 있다. 추운 겨울 십 리의 등 · 하굣길은 아이에게 만만찮다. 꽁꽁 얼어붙은 얼음판에서 산천을 쩌렁쩌렁 울리는 굉음이 가슴을 오싹하게 한다. 골짜기에서 소나무 숲을 타고 유령처럼 쳐들어오는 바람은 한 점의 온기도 남기지 않겠다는 듯이 차갑게 심술을 부린다. 그렇지만 아이는 별로 겁먹지 않는다. 씩씩하다. 연방 웃고 떠든다. 얼굴을 때리는 바람 앞에서 고개를 숙이거나 잠시 돌아서 피하기는 하지만, 언제나 당당하게 맞선다. 검은 겉저고리 소맷자락에 묻은 콧물 자국은 인색한 겨울 햇볕에 더욱 번들거린다. 그래도 부끄럽지 않다. 학교에 가고 학교에서 집으로 온다. 친구들과 함께 어깨동무를 한다. 반은 달린다. 양철 필통 속 연필도 찰그랑거리며 덩달아 춤춘다. 그런데 아이는 다른 아이들과 마찬가지로 두툼한 귀마개를 끼고 있다. 산토끼가 선물한 것이다. 아이는 겨울을 토끼가 사는 산속의 전설을 들으면서 보낸다.

아이의 생일은 음력으로 치다 보니 양력으로는 일정하지

못했다. 대개 겨울방학에 들어가는 동지 무렵이었다. 즐거운 방학이 시작되고, 구수한 팥죽을 먹는 동지가 있고, 잡곡이 전혀 들어가지 않는 하얀 쌀밥과 고깃국을 먹을 수 있는 생일도 끼어 있었으니, 유년 시절 아이의 겨울은 행복했다. 그런데 그 고깃국의 고기가 토끼 고기일 때가 잦았다. 인근에서 소나 돼지를 잡을 때면 몰라도 멀리 삼십 리 길이 넘는 장에 가서 고기를 사 와 생일상을 차려 줄 형편이 못 되었다. 산골이라 산토끼는 마음만 먹으면 구할 수 있었다. "올해는 짬이 없어 장에 가지 못했구나. 다음 해는 꼭 쇠고깃국 끓여 주마." 어머니는 아들의 생일에 토끼 고깃국을 주는 것이 마음에 걸렸던 모양이다. 사실 돈이 없었던 것이다. 토끼 고기는 살코기보다 억센 뼈가 많아 먹기가 불편했으나 맛은 담백했다. 아이는 대구에서 혼자 중학교에 다니면서부터 생일 때 토끼 고깃국조차도 먹기가 어려웠다.

겨울이 되면 토끼가 먼저 장난을 걸어온다. 눈 위에 발자국을 남기고 마른 풀 위에 똥을 누어 귀엽게도 자신의 존재를 알린다. 눈이 온 산을 덮으면 토끼는 먹이를 찾아 길을 나선다. 그 길목에 토기를 잡을 수 있는 틀을 놓는데, 그것은 덫이 아니다. 덫은 고기를 얻으려는 인간의 야비한 욕심의 쇠붙이지만, 아이의 토끼 틀은 쇠붙이를 사용하지 않을뿐더러 꼭 잡겠다는 생각도 없다. 굵은 나뭇가지와 칡을 이용하여 넓적한 돌을 세우고 토끼가 좋아하는 풀을 미끼로 달아 놓는다. 틀에 달아 놓은 풀과 칡을 끊어 먹으면 바위가 넘어져 토끼가 그 아래 깔리게 된다. 토끼가 속을 것을 생각하며 아이는 고소해 한다. 그런데 야속하게도 토끼는 아이의 꾀에 잘 속지 않는다. 번번이 허탕을 치면서도 해동할 때까지 토끼와 숨바꼭질을 계속한다. 토끼를 못 잡아도 그만이다. 그것은 사냥이 아니라, 그냥 놀이기 때문이다. 아이는 겨울 동안 산과 눈과 토끼와 하나가 되어 신이 나게 놀이를 한다.

겨울이 결빙의 계절이라면, 그것의 표지는 눈과 얼음이다. 산과 들에는 눈이 쌓이고 흐르는 내와 강에는 얼음이 언다. 눈 밑에는 봄의 탄생을 준비하는 생명이 숨 쉬고, 얼음 밑에는 몸속 깊은 곳에 돌고 있는 혈맥과 같은 생명선이 그치지 않고 시간을 지킨다. 눈은 새 생명이 머무는 공간이요, 얼음은 생명을 이어 주는 시간인 셈이다. 눈과 얼음 위에는 아이들이 논다. 아이는 눈 위에 뒹굴고 얼음 위에 미끄러진다. 눈에 몸을 묻으면서 우주의 신비에 젖고 얼음 위를 달리면서 미지의 세계를 꿈꾼다. 겨울의 품속에 안긴 아이는 틈만 나면 들판을 가로질러 냇가로 간다. 햇살에 반사되는 빙판은 냉정하면서도 눈부시다. 얼음 위에 발을 붙이려면 움직이지 않고는 불가능하다. 제대로 서기 위해서는 변화해야 한다는 것을 얼음판에서 배운다. 얼음장 곁에는 늘 모닥불이 있다. 냇둑에 불을 피워 놓고 언 손

발을 녹인다. 모닥불 가에 모인 아이들은 겨울을 태우면서 대지 위에 우뚝 선다.

겨울은 아이를 마냥 뛰어놀도록 풀어놓지 않는다. 아래채 사랑방에는 겨우내 온 식구가 매달려 가마니를 짠다. 하루 대여섯 장씩 짠 가마니를 인근 오일장에 내다 팔면 얼마간의 돈이 생긴다. 산촌에서 겨우내 돈 될 일이란 많지 않다. 적은 돈이지만 쪼개어 조상 제삿장도 보고 자식 옷가지라도 사 입혀야 하니 일에 손을 놓을 수 없다. 아이는 방학이 되어 학교에서 놓여나 신이 나게 뛰놀고 싶지만 부모님의 가마니 짜는 일을 거들어야 한다. 어머니가 가마니바늘로 짚을 지르면 아버지는 바디로 내리친다. 그러다가 아이는 자기 쪽으로 온 빈 바늘에 짚을 걸어 준다. 사소한 심부름도 도맡아 한다. 나이 들면서 가마니 바느질과 바디질에도 능숙해진다. 그 일은 어느새 자신의 일이 된다. 가마니가 한 장 두 장 쌓이듯이 아이는 나이를 먹고 어른이 되어 간다. 남폿불이 가물거리며 겨울밤은 깊어 갔고 마당에는 어느새 함박눈이 소복이 쌓인다. 아이는 겨울과 함께 농군의 아들로 자란다.

어느덧 아이의 나이도 쉰을 훌쩍 넘겼다. 고향을 지키는 형님으로부터 동지 팥죽도 맛볼 겸 한번 다녀가라는 전화를 받고 느긋하게 길을 나섰다. 자동차로 한 시간 반 정도 걸리는 거리다. 그리 머잖은 거리지만, 그동안 조상 기제나 명절이 아니면 바쁘다는 핑계로 고향에 자주 가지 못했다. 쇠고기 몇 근을 샀다. 일흔을 바라보는 형님과 형수가 반가이 맞아 주었다. 소고깃국에 말아 햇김치와 함께 저녁밥을 배부르게 먹었다. 소주도 한잔했다. 산촌의 밤은 예나 지금이나 빨리 깊어 가는 것 같았다. 겨울의 숨은 시간 속으로 빨려 들어갔다. 새벽이었다. 눈이 소록소록 내리고 있었다. 근년에 보기 어려운 함박눈이었다. 어둠 때문인지 눈 때문인지 나무도 보이지 않고 산도 없어졌다. 흐르는 물도 눈 속에 덮여 정지했고 집도 사라졌다. 어느 낯선 행성에 홀로 남은 기분이었다. 모든 형체와 이름을 묻어 버린 자연의 무한한 자유 앞에서 황홀해졌다. 아이의 겨울은 아직 계속되고 있었다.

2008. 2.

칡 멜빵

부모가 더러 자식한테 호되게 야단을 치거나 매를 들 때가 있다. 그러고 난 다음 대부분 자신의 언행에 대해 후회한다. 고등학생 남매를 둔 나도 예외는 아닌 것 같다. 아이들을 야단칠 때마다 성격이 급해서 그런지 늘 감정이 앞선다. 그러고서는 아이에게 왜 그런 말을 함부로 했을까, 그만 참을 걸, 아이가 마음에 상처를 받지는 않았을까, 아버지 노릇을 제대로 하고 있는가, 이런저런 생각으로 마음이 괴로울 때가 있다.

초등학교 육 학년 때다. 그때 내 고집은 나 자신도 놀라울 정도였다. 나는 끝까지 고집을 꺾지 않았다. 부모님은 인내심을 발휘하여 며칠 전부터 열네 살짜리 막내아들을 설득했다.

나는 당시 고향에서 백 리나 떨어진 지방도시에 있는 중학교에 입학원서를 내어놓고 있었다. 집안 사정이 여의치 못해 부모님 중에 한 분도 시험 보러 가는 데 동행하지 못할 형편이었다. 나는 하는 수 없이 같은 중학교에 원서를 낸 친구의 아버지를 따라가, 시험 볼 동안 친구의 친척 집에 묵는 것으로 되어 있었다. 시험 보는 곳에 함께 따라가 주지 않는 부모님이 야속하고 원망스러웠다. 무엇보다도 어린 나이에 집과 가족 곁을 떠나 며칠 동안 낯선 곳에서 보내야 한다는 점이 두렵고 불안했다. 버스도 타 보고 도시 구경도 할 수 있다는 기대감도 있었으나 부모님이 옆에 없다는 생각을 하니 도무지 안심이 되지 않았다.

시험 날짜가 다가올수록 불안해지기 시작했다. 처음에는 그렇게 할 수 없다는 뜻을 넌지시 비추었다. 시험 날이 임박해지자 울면서 만약 부모님이 따라가지 않으면 나도 가지 않겠다고 떼를 썼다. 거듭 나를 달랬으나 부모님의 인내심도 한계에 도달했다. 시험 보러 떠나기 바로 전날 아버지는 들고 있던 소쿠리를 마당 한가운데로 냅다 던지며, "시험이고 뭐고 다 때려치워라."는 마지막 선언을 하고 말았다.

눈물과 콧물이 범벅이 된 나는 아버지의 화난 목소리에 덜컥 겁이 났다. 정말로 시험 보러 보내 주지 않을 수도 있다는 생각이 들었다. 한 가닥의 걱정과 아버지에 대한 야속함이 교차하는 가운데 서럽게 한참이나 울먹였다. 아버지는 마당 끝에

웅크리고 앉아 나에게 등을 보인 채 담배 연기를 길게 내뿜다가 화난 모습으로 곧장 집 밖으로 나갔다. 사립문을 나서는 아버지의 뒷모습을 보는 순간 이제는 내 고집을 꺾어야 한다고 마음먹었다.

그날 아버지는 밤이 깊어서야 돌아오셨다. 잠결에 아버지에 대한 어머니의 푸념과 아버지의 긴 한숨 소리가 어렴풋이 들렸다.

자고 일찍 일어나니 아버지는 보이지 않았다. 그런데 마루 끝에는 내가 가지고 가야 할 짐 꾸러미 하나가 아주 단단하게 꾸려져 있었다. 그 짐 꾸러미에는 등에 질 수 있도록 칡덩굴을 반으로 쪼개어 만든 멜빵이 매여 있었다. 아버지의 솜씨임을 금방 알았다. 갈라진 칡의 하얀 속살이 아침 햇살에 선명하게 드러났다. 내가 조금이라도 편하게 짐을 지고 갈 수 있도록 공들여 짐을 꾸린 아버지를 생각하니 눈물이 핑 돌았다.

짐을 등에 지니 칡 멜빵이 내 어깨에 자로 잰 듯이 딱 들어맞았다. 아버지가 아니면 누구도 그런 멜빵을 만들 수 없다는 것을 알고 있었다.

나는 친구의 아버지를 따라 친구와 함께 시험장으로 가는 버스를 타기 위해 읍내까지 오십 리 길을 걸었다. 12월의 차가운 바람이 얼굴을 얼얼하도록 사정없이 후려갈겼다. 눈을 뜰 수 없을 지경이었다. 바람을 맞으며 묵묵히 걸었다. 등 뒤에는 석 되의 쌀과 나의 일용품을 싼 짐 꾸러미가 제법 무겁게 매달려 있었다.

시간이 흐를수록 등짐의 무게가 더해 갔고 어깨가 조여 왔다. 그런데 이상하게도 마음은 너무나 편했다. 등짐의 무게를 통해 아버지의 진정한 마음이 무엇인지를 알 것 같았다. 그때 '때려치워라' 는 아버지의 화난 모습은 나로 하여금 그 먼 길을 걸을 수 있도록 힘을 보태어 주었다.

나는 서럽게 울었다.

아니 울지 않았다. 아버지가 계속 내 등 뒤에서 따라오고 있었기 때문이다.

그 옛날 '때려치워라' 는 아버지의 말이 본인 자신을 향한 분노였음을, 나도 자식을 키우면서 알게 되었다. 아버지는 칡멜빵을 매면서 자신이 뱉은 그 말로 무척이나 가슴 아파했을 것이다. 아마 칡을 반으로 가를 때에는 자신의 가슴을 가르는 듯했을 것이다.

부모들 대부분은 언제나 자식 때문에 가슴 아파하고, 그로 말미암은 상처를 안고 사는 듯싶다. 오늘따라 육십을 못 넘기고 돌아가신 아버지가 그립다.

2001. 11.

어머니의 장한몽長恨夢

중간방 서가에서 책을 찾는데 복사해서 묶은 책 한 권이 손에 잡혔다. 번안소설 『장한몽』이었다. 세상을 떠나기 직전까지 어머니가 읽고 또 읽었던 책이다. 어머니는 이 책을 '이수일과 심순애' 라고 불렀다.

어머니는 고향 형님댁에서 계시다가 말년에 십여 년 동안은 농사철을 제외하고는 우리 집에 와 지냈다. 노인 대부분이 그렇듯이 어머니도 새벽잠이 없었다. 일찍 잠에서 깨어 새벽의 긴 시간을 보내기가 고역이었던 같았다. 틈이 나면 책을 읽었다. 다행히 안경 없이도 글씨를 읽을 수 있을 정도로 시력이 좋았다. 아이들이 어릴 때 읽었던 위인전기전집, 전래동화집, 창작동화집까지 가리지 않고 두루 섭렵했다.

어머니는 지금의 우리 집 중간 방에서 일 년 남짓 계시다가 돌아가셨다. 그곳에서 많은 책을 읽었다. 아니 두 권의 책만 계속 읽었는지 모르겠다.

한 권은 내가 쓴 산문집 『침묵의 소리를 듣는다』였다. 어느 날 느닷없이 이렇게 말씀하셨다. "애비야, 사는 게 힘든 모양이제. 욕심 좀 덜 내면 안 되나." 내 책을 몇 번이나 읽고 하신 말씀이다. 마른 손끝에 침을 발라 책장을 넘겼으리라. 그러다 보니 종이가 피어나 책 두께가 두툼하게 부풀어 있었다. 어리석고 설익은 생각으로 가득 찬 내 글을 읽고 얼마나 실망했겠는가. 자신감 없는 아들이 무척 안쓰러웠던 모양이다. 어머니는 그 책에서 막연하게나마 아들의 미망을 간파했으리라. 덕지덕지 묻어나는 욕망의 냄새도 감지했으리라. 아들이 자기 스스로 괴로움의 원인을 만든다는 느낌이 들었을 것이다. '욕심 덜 내라' 는 어머니의 말씀은 어리석은 아들에게 남긴 마지막 가르침이었고 유언이었다.

새집으로 이사한 지 얼마 되지 않아 어머니는 나에게 '이수일과 심순애' 와 가사 작품을 읽고 싶다는 말을 간간이 흘렸다. 당시 어머니는 아파트 경로당에서 가사를 많이 외우며 직접 짓기도 하는 어떤 분과 가까이 지냈다. 자료집을 뒤져 읽기 쉬운 여남은 편의 가사 작품을 골라 복사해 드렸다. 『장한몽』은 돌아가시기 몇 달 전에서야 겨우 대구중앙도서관에서 구할 수 있었다.

유년 시절 나는 아버지의 책 읽는 소리와 추임새처럼 끼어드는 어머니의 목소리가 한데 어우러지는 정겨운 화음을 자주 들었다. 일상에서 늘 부딪히던 두 분이었으나, 책을 읽을 때만은 장단이 맞았고 완벽한 부부였다. 겨울 초저녁 호롱불 밑에 아버지는 책을 읽고 어머니는 식구의 해진 옷가지를 꿰매면서 책 속의 이야기를 따라갔다. 그 소리를 잠결에 들으면서 나는 깊은 꿈의 세계로 빠져들곤 했다. 그때 잠결에 많은 이야기를 들었다. 그중에서도 가장 또렷이 기억에 새겨졌던 것은 '이수일과 심순애', 즉 『장한몽』 이야기였다. 아버지와 어머니는 때로 읽기를 중단하고 토론을 벌이기도 했다. 지금 생각해 보건대, 아버지는 김중배를 따라간 심순애의 변절을 이해하는 쪽에 섰고, 어머니는 그 반대편이었던 것 같았다. 이유는 모르겠다. 사실 그것은 논리를 앞세운 토론이 아니라 두 분만이 가꾸어 왔던 부부 사랑의 문법이었다.

어머니는 '이수일과 심순애'를 읽고 또 읽었다.

"어머니, 지겨운데 다른 책 구해 드릴까요?"

"아니다 야야, 나는 이기 재밌다."

뻔한 이야기에 계속 빠져드는 어머니의 속내를 이해하지 못했다. 어머니 말씀대로 단지 이야기가 재미있어 읽는 줄만 알았다. 지금 생각해 보니 그게 아니었다. 어머니는 책 내용에 빠진 것이 아니고, 아버지와 함께 그 책을 읽었던 과거로 되돌아갔던 것이다. 오래전에 돌아가신 아버지가 그리웠던 것 같다. 아마 그 그리움은 어떤 언어로도 표현하기 어려운 원초적인 감정이 아니었는가 싶다. 죽음을 준비하면서, 이 지상에서 살아 할 수 있는 가장 순수한 마지막 의식儀式이었다. 또한, 그것은 어머니의 장한몽 마지막 대목이기도 했다.

어머니는『장한몽』을 서너 달 동안 읽고 또 읽으면서 그해 겨울을 나고, 이듬해 새봄 입새에 아버지 곁으로 가셨다.

어머니를 아버지 산소 곁에 쌍분으로 모신 것은 아주 잘한 일인 듯하다.

2008. 1.

형님이 보내준 쌀 한 말

고향에서 농사를 짓는 형님께서 쌀 한 말과 김치 한 통을 부쳐 왔다. 일 년 마지막 농사가 마늘 파종인데, 그 일을 마치고 11월 말쯤이면 형님 내외는 매년 햅쌀을 찧고 김장을 해서 동생인 나한테 맛보라고 보내온다. 환갑을 훨씬 넘은 두 내외가 일 년 내내 땀 흘려 지은 것이기에, 어떤 선물보다 고맙게 받는다. 나는 형님 내외의 농사일이 얼마나 힘든지 너무나 잘 안다. 그래서 평상시에는 마늘, 고추, 참깨, 콩 등 형님이 주는 농산물을 가지고 올 때는 꼭 제값을 쳐준다. 다만 그해의 쌀 한 말만은 형제간의 우애의 징표로 생각하고 공짜로 얻어먹는다. 쌀을 받던 날, 하얀 쌀밥을 밥그릇에 넘치게 담아 김치를 손으로 찢어서 밥과 함께 맛있게 먹었다. 그런데 "올해는 쌀값이 내려 헛농사 지은 것 같다."는 전화기를 통해 들려오는 푸념 섞인 형수님의 말이 가슴을 아프게 파고들었다.

형님은 해방 몇 해 전에 태어나 경제적으로 어려웠던 전후 시대를 겪어야 했기에, 학업을 중도에 포기하고 지금까지 농사에 일생을 바쳐 왔다. 부모로부터 물려받은 것은 가난뿐이었다. 소작과 개간으로 시작하여 땅에 희망을 걸고 젊음의 땀을 쏟았다. 그 땀은 노동의 고통에서 흘러나오는 피와 다를 바 없었다. 피와 땀을 흘린 덕택에 부모님 잘 모시며 적잖은 옥토도 장만하고 동생인 나와 자식들을 공부시킬 수 있었다. 우리가 객지에서 자리 잡아 가정을 꾸려 나갈 수 있도록 돌봐 주느라 형님 내외는 몸이 부서지도록 일하고 일했다. 선산을 지키고 조상을 모시며 가족 뒷바라지에 희생해 온 고향 지킴이었다. 땅과 함께 살아오면서 한 번도 고향을 원망하지 않았다. 도회로 나가 성공한 사람을 더러 부러워하기도 했고, 때로는 그들과 비교하여 자신이 초라하게 느껴지기도 했으리라. 하지만 고향 땅을 지켜 온 자신의 삶을 후회하지 않았다.

손이 많이 가는 밭농사가 주가 되다 보니 형님 내외의 일은 무척 힘들었다. 여름에 만난 형님의 얼굴은 햇볕에 그을려 숯덩이 같았다. 형수는 여자로서 과중한 노동 때문에 몸이 성한 곳이 없었다. 만날 때마다 이제 일을 그만 줄이고 편히 여생을 보내라고 말하면, "그래야지."라고 하면서도 막상 농사에서 손을 떼지 못했다. 물욕 때문이 아니라, 노동의 진정한 의미를 체득했기 때문에 그렇게 했던 것이다. 거기에는 함께 호흡하면서 살아온 땅에 대한 농부의 순수한 사랑과 의리가 깔려 있었다. 아마 땅 위에서 몸을 움직일 수 있는 한 흙에서 떠나지 못하리라. 이는 우리 형님한테만 해당하는 것이 아니라, 이 시대에 농촌에서 고향 땅을 지키는 육십 대 이상의 모든 농민은 다 그럴 것이다.

올여름 고향 집에 들르니, 마당 한구석에 새로 산 트랙터가 보였다. 점점 노약해지다 보니 기계의 힘이 필요할 수밖에 없었다. 그런데 외상으로 사들인 비싼 농기구 값을 다 갚으려면 몇 년이 걸릴지 모를 일이다. 그 돈을 마련하려면, 또 뼛골이 아프도록 일을 해야 한다. 그것도 농사가 경제적으로 어느 정도 수지타산이 맞아야 가능한 일이다. 힘들여 농사를 지어도 농약값도 제대로 안 나오는 것이 오늘의 농촌 현실이 아닌가? 왜 이렇게 무모한 일을 자초했느냐고 나무라듯이 말을 건네니 형님이 그저 빙그레 웃을 뿐이었다. 그 웃음에서 농부 특유의 우직함과 순박함이 묻어났다.

아침 출근길 고속도로가 주차장이었다. '쌀시장 개방 협상 국회 비준 반대' 시위로 경찰과 농민 단체가 고속도로 톨게이트에서 대치하고 있다는 방송을 들었다. 나는 그 사실을 알고 교통 체증에도 전혀 짜증이 나지 않았다. 오늘 출근이 늦어

오전 수업을 하지 못해도, 내 강의를 듣는 학생들에게 크게 미안해하지 않을 것 같았다. 느긋하게 기다렸다. 그 자리에서 하루 종일이라도 기다릴 수 있다는 생각마저 들었다.

주차장이 된 고속도로에는 초겨울 아침 햇살이 청명하게 빛났다. 햇빛 속으로 허름한 작업복을 입고 허리를 굽혀 괭이질하는 형님과 마늘 논에 엎드려 김을 매는, 일 년 전에 돌아가신 어머니의 모습이 스쳐 갔다. 순간 나의 눈시울이 잠시 뜨거워졌다.

2005. 12.

황금들판

황금들판. 가을을 말할 때 누구나 떠올리는 비유다. 자주 사용하여 참신성이 떨어지지만, 가을을 가장 잘 표상하는 말인 것 같다. 왜 황금들판인가. 가을 들판에 벼가 익는 모습을 보면 금방 이해할 수 있을 것이다. 노랗게 익은 벼가 가을 햇살을 받아 눈부시다. 봄꽃의 노란 색이 공중을 폴폴 나는 나비처럼 경쾌한 느낌이 든다면, 황금빛 들판은 풍성한 포만감으로 가슴이 벅차도록 해준다. 그런데 '황금들판'에서 황금색에만 시선이 머물면 그 안을 제대로 들여다볼 수 없다. 가을의 풍성한 곡식은 농부의 땀이 이룬 결실이다. 그것은 고된 노동의 열매고 희망의 내일이다. 일 년 내내 온 가족이 일용할 양식이다. 얼마나 귀하고 값진 것인가, 황금처럼. 멀리 떨어져서 보는 들판은 단지 황금색에 지나지 않지만, 농부에게 그것은 생명이고 삶 자체다.

올해 쌀농사는 풍년이라고 한다. 추수철인 지금 농촌 들판에는 풍년가가 울려 퍼져야 하는데, 오히려 농민의 한숨 소리만 높아 간다. 어느 사람은 추수를 포기한 채 무르익은 벼를 논바닥에 갈아엎어 버렸다는 뉴스도 들려온다. 쌀값이 폭락했기 때문이다. 산지 쌀값이 백미 80kg 한 가마에 13만 원으로 작년보다 무려 20% 떨어졌다. 여기다가 재고조차 엄청나게 늘어날 전망이라고 한다. 헐값에라도 팔면 그나마 다행일지 모른다. 비료값, 농약값, 농기계 사용료 등을 제하고 나면 별로 남을 것도 없을 성싶다. 일당도 나오지 않는 농사지어서 무엇하랴. 한탄의 소리 어찌 높지 않겠는가. 농사지으면서 시세에 속은 것이 한두 번이 아니다. 그럴 때마다 조상이 물려 준 업인데 하며 마음 달래고 지금까지 왔건만, 갈수록 태산이다. 농사를 버릴까도 생각해 본다.

귀농 인구가 늘고 있다. 언론은 앞다투어 성공적인 귀농을 소개한다. 농어촌에 카메라 초점을 맞추는 텔레비전 프로그램이 적지 않다. 황토로 집을 짓고, 텃밭을 일구며 자연과 더불어 살아가는 사람들의 일상을 담기도 한다. 그런데 이들 카메라의 시선은 대부분 농촌의 겉모습에 머물고 만다. 마치 귀농은 여생을 고상하고 건강하게 보낼 수 있는 최선의 방책이라고 말하는 듯하다. 낭만과 휴머니즘이 넘쳐난다고 호들갑을 떤다. 농촌에서 나는 먹거리는 무공해라서 만수무강을 보장하는 보약인 것처럼 말한다. 하지만 농촌은 그들이 말하는 것처럼 꿀이 흐르는 약속의 땅이 아니다. 햇볕에 탄 검붉은 농부의 얼굴을 건강의 징표로 읽지 마라. 이마의 깊은 주름 뒤에 숨은 힘든 노동 과정을 보지 못하고, 농촌생활을 전원생활로 착각하는 것은 허위이다.

올여름 일흔이 다 된 고향의 형님이 방천길에서 경운기를 운전하다가 사고로 머리를 다쳤다. 다행히 냇가 물속에 빠져 큰 상처는 입지 않은 모양이다. 형수는 무릎 관절이 좋지 않아 늘 병원에 다닌다. 갈 때마다 무릎에서 물을 한 그릇이나 뺀다고 한다. 이웃집에 사는 형님 친구 한 사람은 폐암으로 삶을 포기한 상태다. 또 한 사람은 결국 허리 디스크 수술을 하고 대구 병원에 입원해 있다. 70평생 한시도 농사를 손에서 놓지 않은 사람들이다. 밭고랑에 엎드려 허리 한 번 제대로 못 펴고 일해 왔는데, 어찌 허리와 무릎이 온전할 수 있겠는가. 일찍이 도시로 나가지 못하고 조상이 물려 준 땅을 지켜온 어리석음 탓이다. 농사는 경제개발 과정에서 늘 뒷전으로 밀려났고, 농민은 병든 몸과 농협의 빚만 짊어진 채 늙어가고 있다.

'4대강 살리기' 바람이 고향 산골에까지 불어온 모양이다. 냇가에 있는 형님의 논 사 분의 일 정도가 하천 둑으로 수용되고 말았다. 나락이 한창 익어가는 논 가운데에 일렬로 꽂힌 붉은 깃발이 가슴에 박은 대못처럼 느껴졌다. 뼈 빠지게 고생하여 마련한 옥답이다. 그 땅에서 키운 마늘 덕에 자식들 공부시키고 출가도 시켰다. 물론 정부에서 보상이야 해주겠지만, 자식처럼 애지중지했던 땅이 아닌가. 형님에게 막걸리 한 잔을 권하며 위로의 말을 대신했다. 속내도 잘 모르는 도회인들이 자신만의 취향대로 농촌을 채색하지 않기를 바란다. 황금들판을 보거든 추수가 끝난 후의 황량한 들판도 생각해 보라. 그것이 지금 농촌의 현주소다. 농촌의 진실을 가슴으로 이해할 수 있는 자만이 황금들판의 의미를 알 수 있으리니.

2009. 10.

지게

산촌에서 태어난 내가 가장 먼저 배운 일은 농사짓는 일이었다. 농사를 배운 것이 아니라 저절로 터득했다. 그 과정에서 세상에 조금씩 눈떠 갔다. 그때 마주친 유무형의 무게는 어떤 일의 한계나 가능성을 짐작하도록 해 주었다. 나에게 지워진 무게를 감당하지 않으면 안 된다는 것을 깨달으면서 세상 속으로 천천히 발을 들여놓기 시작했던 것이다. 져야 할 짐이 있다는 사실을 아는 것은 성숙의 한 과정이지만, 한편으로는 삶의 그늘이나 슬픔과 마주치면서 그것의 부피를 키워 가는 시간이기도 했다. 어른이 되고 싶은 욕망으로 조급증을 보일 때도 잦았다. 톱으로 나무를 잘라 도끼로 장작을 패는 일, 타작마당에서 도리깨를 허공에 한 바퀴 휘돌리면서 땅바닥에 널린 곡식

위로 힘차게 내리치는 일, 나보다 몇 배나 덩치가 크고 힘이 센 사나운 황소를 익숙하게 몰고 다니는 일, 리듬을 잃지 않으면서도 긴 시간 동안 멈추지 않고 삽질이나 괭이질을 하는 일, 일일이 풀을 잡지 않고도 능란한 낫질로 단번에 한 아름의 풀을 벨 수 있는 기술, 바싹 마르지 않은 장작을 아궁이에 넣고 활활 타도록 불을 지피는 요령, 캄캄한 밤에 멀리 떨어진 이웃집에 무서움을 이기고 부모님의 심부름을 가는 것, 그리고 전등불 없이도 마당 끝에 있는 화장실에 갔다 오는 일. 힘과 용기와 기술이 필요했던 일과 마주칠 때마다 그 무게를 나 스스로 져야 한다는 생각을 했다. 무게가 나를 압도하면 할수록 그것을 뛰어넘고자 하는 오기가 생겨났다. 두려움 속에서도 내 힘과 의지로 그러한 무게를 감당했을 때 적잖은 희열을 느꼈다.

어린 시절 내 홀로서기의 상징물은 '지게'였다. 농촌에서 운반 도구로서 지게는 없어 안 될 필수품이었다. 어느 농가든 농사꾼의 수만큼 지게가 있기 마련이다. 여분으로 더 있는 집도 많았다. 마당에 들어서면 담벼락이나 처마 끝에 지게가 가지런히 기대어 있다. 어떤 농부든 지게를 함부로 다루지 않는다. 자신의 몸처럼 소중히 여긴다. 엎어져 있거나 옆으로 넘어져 있는 것을 용납하지 않는다. 빈 지게는 언제나 지게의 세고자리와 윗세장에 엇갈리게 지게꼬리가 일정한 간격으로 깔끔하게 사리어 걸고, 지겟작대기는 지게 앞 등태 위에 똑바로 놓는다. 그리고 농부는 산과 들을 다니면서 지게를 걸 때 몸체로 쓸 재목을 눈여겨 찾는다. 적당한 재목을 발견하면 잘라서 손질하여 집 뒤꼍 같은 그늘진 응달에 말려 필요하면 언제나 지게를 걸 수 있도록 준비해 둔다. 농부는 일터로 나갈 때 항상 지게를 지고 간다. 꼭 지고 올 물건이 없다 해도 맨몸으로 들에 가지 않는다. 지게는 바로 농사꾼의 몸의 한 부분이었다. 지게를 지지 않고 농사를 지을 수 없다. 농사의 출발은 지게를 지는 것에서부터 시작된다고 해도 과언이 아니다. 지게에 짐을 얹어 자유자재로 지고 다녀야 진정한 농사꾼이 된다. 농사꾼으로서 혹은 어른으로서 인정받는 첫 관문이 자신의 지게를 소유하는 일이다. 맞춤옷처럼 자기 몸에 딱 맞는 지게를 가지는 것은 농촌 아이들의 꿈이었고, 그런 꿈을 꾸면서 조금씩 어른이 되어 갔다.

초등학교 때 주로 하는 일 중의 하나가 들에 가서 쇠꼴을 베어 오는 것이었다. 키가 작아 지게를 질 수 없을 때에는 쇠풀을 망태기에 담아서 어깨에 메고 집으로 왔다. 그럴 때마다 내 몸에 딱 맞는 지게가 있었으면 좋겠다는 생각을 했다. 그런데 무슨 이유에서인지 부모님은 내가 지게 지는 것을 탐탁하게 여기지 않는 눈치였다. 내 지게를 만들어 달라고 요청해 봤으나, 아버지는 단호하면서도 짜증스러운 태도를 보이며 내 청을 받아들이지 않았다. 그 뜻을 나중에서야 알게 되었지만, 당시로

써는 이해가 가지 않았다. 나는 또래 친구가 자신의 지게를 지고 다니는 것이 너무 부러웠다. 그래서 그대로 지게 되면 지겟다리가 땅에 닿아 끌리는 아버지의 지게 밀삐 아랫도리를 지겟다리 끝에 바짝 당겨 매어 밀삐를 짧게 하면 억지로 질 수 있었다. 하지만 몸에 맞지 않는 지게를 지면 불편하기 짝이 없었다. 연방 길가 둔덕에 받히거나 넘어지기가 일쑤였고, 그러면 지게 위에 실린 짐이 땅에 떨어지거나 한쪽으로 쏠려 균형을 잃게 된다. 이는 여간 낭패스러운 일이 아니다. 그래도 포기하지 않고 어떻게든 지게와 내 몸을 조정하는 요령을 터득하고자 애썼다. 그러다가 마침내 내 지게가 생겼다. 아버지는 본인의 지게를 새로 걸고, 당신께서 쓰던 지게를 내 몸에 맞게 고쳐 주었다. 여름철에는 소꼴을 베었고, 겨울철에는 산에 가서 풋나무를 했다. 소꼴과 풋나무를 지고 걸으면서 짐의 무게만큼 나도 이 세상에서 뭔가를 할 수 있다는 자신감을 가졌다.

지게는 전체적으로 삼각형의 구조를 취한다. 세장에 의해 연결되는 양 몸체는 세고자리에 와서 끝나는데, 전체 모양은 꼭짓점 없는 삼각형이다. 몸체에 연결되어 짐을 떠받치는 가지는 지겟다리와는 둔각 삼각형을, 허리세장 위와는 예각 삼각형의 구도를 이룬다. 밀삐세장에서 밑세장 사이에 달린 등태도 윗부분이 잘려나간 삼각형이다. 지게를 세우거나 무거운 짐을 지고 일어설 때 가로 쥐고 땅에 힘을 주는 데 소용되는 지겟작대기도 삼각형의 역학에 근거하여 고안된 기구다. 지겟작대기가 땅에 닿는 한쪽 끝은 뾰족하게 깎여 어떤 장소든 잘 고정되게 만들었고, 윗세장에 걸어서 지게 전체를 안정되게 세워 주는 다른 한끝은 가위다리처럼 아귀가 진 나무인데 그 모양도 삼각형이다. 그리고 지게에 무거운 짐을 등에 지고 걸어가는 모양도 삼각형의 형상이다. 이러한 지게 구조는 역학상 사람이 무거운 짐을 지고 가기에 가장 적합하게 고안된 도구인 것 같다. 세 개의 변과 각으로 이루어진 삼각형은 매우 유동적이고 변화 가능성이 큰 도형이다. 불안정감을 주기도 한다. 그래서 삼각형에서 필수적인 부분이 균형이다. 균형이 잘 유지되는 삼각형에서는 심리적 안정감을 느낀다. 예리하게 판단하는 이지적 두뇌, 현실적 힘을 발휘하는 육체, 전체를 통일시키는 균형감각이 서로 얽혀 있는 것이 삼각형이다. 지게는 이러한 삼각형의 기본 구도 위에서 안정된 균형을 지향한다. 균형을 위해서는 언제나 적절한 절제가 필요했다.

산촌의 겨울, 아침 햇살이 산꼭대기에서 내려와 세상을 따사롭게 비출 때면 마을의 남자들은 지게를 지고 산으로 간다. 땔감을 마련하기 위해서다. 열댓 살 소년에서 육십이 넘은 노인네까지 같은 시간에 비슷한 모습으로 줄을 지어 산으로 오른다. 벌목이 금지된 때라 주로 풋나무를 한다. 바싹 말라 불에 잘 타기도 하지만, 타고난 재가 농사에 필요한 거름으로 쓸 수 있기 때문이다. 겨울철 산촌 사람은 별일 없으면 오전, 오후 하루 두 짐씩 풋나무를 하여 나무 낟가리에 쌓아 두고 이듬해 봄까지 땔 수 있도록 준비한다. 숫돌에서 금방 날을 세운 낫을 지게 탕갯줄에다 꽂고 지겟작대기와 갈퀴를 밀삐에 끼워 어깨너머로 가지런히 넘기고 짧은 겨울 해를 생각하여 걸음을 재촉한다. 하지만 늘 해 오던 일이기에 급하게 서둘지 않는다. 적절한 장소를 잡아 풀을 베고 그것을 갈퀴로 긁어모아 경사진 산비탈에 지게를 눕혀 놓고 그 위에 차곡차곡 쌓아 나뭇짐을 꾸린다. 나뭇짐의 가로 양 끝은 칡으로 동줄을 매어, 짐이 흐르지 않도록 하고, 꼭대기 한복판에는 한 아름의 나무를 덧방으로 얹어 모양을 낸다. 지게꼬리를 최대한 팽팽하게 당겨 윗세장에 묶는다. 한 손에는 세고자리를, 다른 손에는 지게꼬리를 잡고 지게를 세워 지겟작대기로 고인 다음 나뭇짐 매무새를 다듬는다. 이 과정에서 균형을 잡지 못하면 다시 새로 나뭇짐을 꾸려야 한다. 균형과 함께 외관상 모양에도 많은 신경을 쓴다. 이는 단순히 나뭇짐 수준을 초월하여 아름다운 창작품의 단계까지 도달한 예술적 조형물과 다를 바 없다.

무거운 짐을 지게에 지고 일어서는 데에도 고도의 요령과 기술이 필요하다. 우선 지형을 잘 이용할 줄 알아야 한다. 왼쪽 무릎을 꿇고 지겟작대기를 가로 짚은 채 힘을 주고 일어서야 하는데, 순간적으로 힘을 적절하게 배분해야 한다. 일어서 첫 걸음을 떼는 순간 산을 내려가 집까지 도착하기가 쉽지 않을 것이라는 생각이 들 때가 잦다. 또래 동무들의 나뭇짐보다 더 커야 한다는 생각에 욕심을 부렸기 때문이다. 이럴 때는 몇 번이고 넘어져 나뭇짐을 고쳐 꾸려야 하는 고생이 뒤따른다. 땅이 미끄러워, 가파른 경사 때문에, 좁은 길가의 나뭇가지에 걸려, 지겟다리가 튀어나온 바위에 부딪혀 뒤로 넘어지고 앞으로 엎어지고, 그렇게 천신만고 끝에 집에 도착하면 온몸이 땀에 흠뻑 젖고 진이 다 빠지고 만다. 반면에 기분은 상쾌하기 이를 데 없다. 뭔가를 해냈다는 성취감 때문이었다. 오후에 또 산으로 간다. 운 좋게도 나는 중학교부터는 대구에서 공부했다. 그렇지만 방학 때는 언제나 고향에 가서 부모님의 농사일을 돕고, 겨울에는 매년 나무하러 산을 오르내려야 했다. 대학을 졸업할 때까지 지게를 지는 것으로부터 멀리 벗어나지 못했다. 그랬으나 그때의 짐은 그렇게 힘들지 않았다. 언젠가는 지게를 벗어 던지고 무거운 짐으로부터 놓여날 때가 오리라는 희망을 품고 있었기 때문이다. 지금 생각하니 삶의 여정에서 져야 할 짐으로부터 자유로운 시간은 한시도 없었던 것 같다. 앞으로도 마찬가지일 것이다. 가면 갈수록 더 무거운 짐이 대기한다. 아마 마지막 짐은 죽음이 아니겠는가. 지금 나는 지게로부터는 벗어났으나, 삶의 무게는 그대로이다.

니실재 잿마루에 차를 세웠다. 내 고향 신평면과 안평면의 경계 지점이다. 경사를 낮추기 위해 고개를 많이 깎아 내려 마치 터널처럼 뚫려 있다. 어머니 삼우제를 지내고 곧바로 되돌아서 대구로 가는 길이다. 고향을 떠난 지 사십 년이 다돼 간다. 수없이 이 니실재를 넘나들었지만, 그날처럼 가슴을 도려내는 아픔을 느낀 적은 없었다. 고향 쪽을 바라다보았다. 저 멀리 선영이 지척에 있는 듯 곧바로 시야에 들어왔다. 삼십 년 전에 돌아가신 아버지 옆에 어머니를 모셨다. 어머니는 돌아가시는 당일까지 여든이 넘은 노구를 이끌고 들판에서 농사일을 했다. 대구 우리 집에서 지내시다가도 농번기만 되면 맏아들인 형님이 고생한다고 꼭 시골로 내려가 힘든 일을 마다치 않았다. 일흔이 지나면서 옆으로 굽은 어머니의 허리가 확연하게 눈에 띄었다. 사실 아무리 가난하게 살아가는 농촌 생활이지만 여자가 지게를 지는 것은 일종의 금기에 속했다. 자식이 없거나 혼자가 아닌 다음에는 여자가 지게를 지지 않았다. 그런데 언젠가 고향에 가니, 저쪽에서 지게에 쇠풀을 한 짐 지고 허리를 구부린 채 어머니가 오고 있었다. 순간 강한 자책감과 함께 눈물이 핑 돌았다. 달려가 지게를 놓게 하고 화부터 냈다. 왜 이렇게 힘든 일을 하느냐고, 어머니를 나무랐다. 사실은 나 자신에게 화를 낸 것이었다. 내색하지 않았으나 어머니의 짐은 언제나 무거웠다. 이제 그 무거운 짐으로부터 자유로워졌을까? 대구까지 오면서 내내 북받쳐 오르는 울음을 삼켰다.

고향을 지키고 있는 형님이 올봄에 옛집을 허물고 그곳에 새집을 지었다. 집 안으로 들어서니 모든 것이 낯설게 다가왔다. 아래채 외양간이 있던 자리에는 철골로 만들어진 농기구 창고가 들어섰다. 화물 트럭과 경운기를 비롯하여 신식 농기계가 괴물처럼 버티고 있었다. 모두 편리한 현대식 기기다. 그런데 뭔가 허전하고 잃어버렸다는 느낌이다. 어머니의 흔적이 어느 곳에도 남지 않았다. 집 뒤안으로 갔다. 호미와 괭이를 비롯한 옛 농기구가 녹슨 채 여기저기 흩어져 있었다. 그때 등태도 없고 한쪽 밀삐조차 끊어진 지게가 눈에 들어왔다. 어머니의 굽고 휘어진 허리가 겹쳐졌다. 갑자기 눈물이 와르르 쏟아졌다. 나는 그 지게를 집어 들었다. 먼지와 거미줄을 제거하고 끊어진 밀삐를 대충 이었다. 지게를 져 보았다. 등태가 없어도 불편하지 않았다. 내 나뭇짐의 모습이 그런대로 모양을 갖추어 갈 무렵 아버지는 지병을 얻게 되어 힘든 일을 하기가 어려웠다. 많은 부분은 어머니의 몫으로 돌아갈 수밖에 없었다. 방학 때 어머니는 나더러 여기 걱정은 말고 그만 대구로 가서 공부나 열심히 하라고 했다. 그러나 한편으로는 제법 어른스러운 나뭇짐을 지고 오는 아들의 모습에서 작은 위안을 얻었으리라. 어머니가 내 지게 위에 오르는 듯하더니 훨훨 춤을 추면서 저쪽 허공으로 사라진다. 한여름 따가운 햇볕이 내리쬔다. 갑자기 무거운 짐이 나를 누른다. 등 뒤에서 땀이 주르르 흘러내린다. 그것은 눈물이었다.

학생들에게 도덕적인 관점을 앞세워 뭔가 이야기할 때가 있다. 그때마다 시작은 '삶은 무엇인가' 라는 상투적인 화두에서 출발한다. 이럴 때 종종 삶의 진정한 의미나 가치가 어떤 모습으로든 뚜렷하게 정제된 것이라는 착각에 빠지고 만다. 그 의미와 가치라는 것은 언제나 한순간 바람과 같이 관념으로 스쳐 갈 뿐인데도, 불변의 진리가 있다는 생각을 쉽게 떨쳐 버리지 못한다. 삶은 어떤 의미 덩어리이기 전에 생활이고 현실이다. 그런데 현실 생활은 늘 나를 제한하는 제약으로 가득하고, 충족되지 않는 욕망 앞에서 좌절로 점철되었다. 상처받고 절망하며, 그만큼 미움을 키우고 허무 속으로 빠져든다. 대체로 관성에 떠밀려 그럭저럭 살아가지만, 주어진 현실을 마주하기 위해서는 누구에게나 적잖은 인내가 요구된다. 누구나 짐을 벗어 던지고 자유롭기를 원한다. 그렇지만 현실과 연결된 삶의 끈은 질기게도 우리를 붙들어 맨다. 사람에 따라 짊어진 짐의 무게가 차이가 날 수는 있으리라. 아무도 짐에서 벗어나지 못한다. 삶을 마감하는 시점에 가서야 짐을 벗어 던질 수 있으려나? 남과 더불어 살면서 나를 세워야 하는 삶의 현실은 자유의 공간이기보다는 구속의 멍에에 가깝다. 산다는 것은 짐을 지고 길을 걸어가는 것과 다르지 않기 때문이다. 그 짐은 늘 무거울 수밖에 없는 것. 피하기 어려운 길, 무게……. 내 곁에는늘 지게가 있었던 것 같다.

2004. 11.

타인의 시선과 욕망으로부터

점심때다. 가방을 열고 도시락을 꺼낸다. 젓가락을 드는 순간 눈길이 출입문 쪽으로 간다. 신경이 쓰인다. 식사하는데 누가 불쑥 문을 열고 들어올 것 같아 불안하다. 들어오면 자연스럽게 식사 중이라고 하면 될 터인데. 신경 쓸 것 없지 않은가. 나 자신에게 질책해 보았으나 마음이 편치 못한 것은 마찬가지다. 결국 연구실 출입문을 잠그고 만다. 이것으로 끝이 아니다. 누군가 노크하면 문을 열어 줄까 말까 생각해 본다. 마음먹고 볼 일이 있어 찾아왔는데 당연히 문을 열어주고 맞이해야지. 아니야. 그러지 않아도 돼. 열어주면 내 밥 먹는 모습이 얼마나 구차하게 보이겠는가. 중요한 볼일이면 다시 찾아오겠지. 아예 실내에 내가 없는 것처럼 꾸미는 것이 낫겠군. 조명등을 꺼버린다. 약간 어두운 가운데에서 도시락을 먹는다. 이런저런 생각 굴릴 것 없이 빨리 먹어치우자. 10분도 채 안 걸린다. 그리고 금방 뒷정리에 들어간다. 잠갔던 출입문을 연다. 실내공기를 환기한다. 양치질하고 거울을 보고 머리를 빗는다. 연구실에 남은 점심의 흔적을 말끔히 지우려고 애쓴다. 뒷정리를 잘했으니 남은 것은 없다. 그래도 나만은 그 내막을 모두 알지 않는가.

밥냄비에 밥이 끓는다. 연탄불 공기구멍을 막고 뜸을 들인다. 작은 단지에서 무말랭이 김치를 먹을 만큼 꺼낸다. 양념간장도 준비한다. 아침 식사 준비는 그것으로 끝이다. 밥그릇에 밥을 퍼 밥상 겸 책상에 아침상을 차린다. 차린다고 해 봐도 밥과 반찬 한두 가지가 전부다. 밥과 간장이 전부일 때도 있다. 시장이 반찬인 것을. 그래도 쌀밥이 아닌가. 시골이었다면 쌀밥은 생일이나 제사 때를 제외하곤 볼 수 없지 않은가. 반찬이 없어도 괜찮은 거야. 맛있게 먹어야지. 식사 시간은 5분이면 충분하다. 문제는 주인집 할머니나 아주머니가 예고도 없이 "학생, 밥 먹었어."하고 미닫이문을 드르륵 여는 것이다. 나의 궁상맞고 초라한 밥상이 노출되고 만다. 머쓱한 태도와 민망한 표정을 짓는 나를 쳐다보고는 걱정스러운 듯이 "이렇게 먹고 어쩌노. 반찬 없이 밥이 넘어가겠나."하면서 반찬을 내민다. 고맙다는 인사도 변변히 못 하고 뒤통수만 긁적인다. 나로서는 맛보기 어려운 반찬이다. 정말 반가운 선물이다. 그러나 식욕은 그것을 탐하면서도 마음은 께림칙하다. 도시에 유학 온 열네 살 중학교 일학년의 자취생활에서 먹는 것은 늘 생존과 자존의 갈등을 불러일으켰다.

내일 대학 입학시험을 보는 날이다. 그런데 아직 수학공부는 참고서 앞부분밖에 하지 못한 상태다. 거의 공부가 안 된 채 시험을 봐야 할 처지다. 시험장에 가지 않으려고 발버둥을 쳐본다. 가족과 주위 사람들의 손가락질이 빗발치듯 쏟아진다. 수치스러워 안절부절못한다. 후다닥 놀라서 일어난다. 꿈이다. 식은땀이 등골을 타고 흐른다. 안도의 숨을 몰아쉬지만, 온몸에 기운이 쑥 빠져나가는 것 같다. 이런 꿈을 꾸고 나면 기분이 엉망이 되고 만다. 내가 대학 입학시험을 본 것은 35년 전이 아닌가. 아직도 입학 시험으로부터 풀려나지 못한 모양이다. 시험 때문에 스트레스 받는 것은 누구든 마찬가지인데, 유독 나만이 악몽에 시달리는 것이 아닌가 싶어 은근히 부아가 난다. 시험을 보고 나서 합격자 발표 때까지 견디는 일은 악몽이나 다름없다. 발표를 보러 가지 않으려고 떼를 썼으나 가족에게 떠밀려 억지로 고향에서 세 시간 이상 버스를 타고 발표장으로 갔다. 가는 도중 라디오에서 합격자 명단이 방송되었다. 귀를 막았다. 그런데 나는 아직도 여전히 귀를 막고 있는 것은 아닐까. 사막에서 쫓기던 타조가 마지막에 가서 모래 속에 머리를 묻고 순간을 모면하려는 식으로 말이다.

아침 출근을 준비한다. 강의나 공식모임이 있는 날이면 옷차림에 신경이 쓰인다. 와이셔츠를 이것저것 입어보고 넥타이를 몇 번씩 바꿔 매는 때도 있다. 금방 흐트러질지도 모를 머리 모양새를 빗질하면서 요리조리 매만진다. 나이 들면서 이런 것에 어느 정도 무던해졌는데도 완전히 해방된 것은 아닌 것 같다. 사실 옷을 차려입고 몸을 다듬어보아도 거기서 거기다. 내 안에서만 안달이지 나를 바라보는 사람은 얼마나 무감각한가. 새로 장만한 옷을 입을까 말까 망설이다가 용기를 내어 입고 나갔는데도 내 옷차림에 관해 누구 하나 말하는 사람이 없었을 때 오는 서운함을 기억할 것이다. 병으로 며칠 결석하고 학교에 나갔는데도 반 친구들이 나의 안부를 물어오지 않을 때 야속함. 내가 생각하는 만큼 남은 나에게 관심이 없다. 관심 있는 듯한 언어도 알고 보면 친교적인 발언에 지나지 않는다. 나의 많은 언행이 자발적이지 못 하고 타인의 시선에 매여 있었다는 생각이 들 때마다 초라한 나 자신을 발견한다. 타인의 판단이 두려워서 속을 태우고 불만에 떨었던 일이 얼마나 자주 있었던가. 나의 주인은 그런 척하는 '나' 가 아닐 터인데.

나를 향하는 다른 사람의 시선에서 자유로워져야 한다. 그렇지 않으면 나는 언제나 타인을 의식하면서 불안에 떨 것이다. 타인의 욕망에 맞춰 나를 변화시키려고 하지 말자. 그것은 자기를 잃어버린 예속의 삶이다. 더불어 살기 위해 타인을 배려하는 삶은 타인의 판단과 욕망에 휘둘려 자신의 시각을 잃어버리는 것과 다르다. 다른 사람이 원하는 것도 무시해서는 안 되지만, 내가 원하는 것도 소중히 여기자. 있는 그대로 나의 것을 보여줄 수 있도록 가면을 벗어던지자. 내 밖의 시선이 두려워서 감았던 눈을 크게 뜨고, 막았던 귀를 활짝 열고 싶다.

2009. 12.

워낭소리

다큐멘터리 영화 〈워낭소리〉를 보았다. 관객 수가 이백만을 넘었다고 한다. 영화에 대한 칭송과 함께 불편한 잡음도 들린다. 잡음 대부분이 돈과 관련된 것 같아 기분이 씁쓰름하다. 그런데 나에게는 나만의 슬픈 워낭소리가 있다, 아직도 내 가슴을 울리는.

열네 살 소년은 외양간 모퉁이에서 목욕하는 중이었다. 둥근 나무통 안에 발가벗고 앉았다. 소년의 엄마는 "까마귀가 할배요 하겠네."라면서 소년의 손등을 빡빡 문질렀다. 물은 겨우 배꼽까지 찰 정도다. 내일모레가 설이다. 겨울 산골의 칼바람이 맨살을 파고들었다. 소년은 엄마에게 그만 씻자고 투정을 부렸다. 저녁 쇠죽을 먹으면서 소는 소년을 힐끗힐끗 쳐다보았다. 소의 입가에는 소년을 놀리는 듯한 미소가 흘렀다. 소년은 아랫도리를 가렸던 오른손을 들고 소를 향해 “쳐다보지 마!”라고 소리치며 때릴 시늉을 했다. 소는 전혀 신경 쓰지 않고 쇠죽을 계속 먹었다. 고개를 좌우 상하로 흔들 때마다 워낭이 울렸다. 마치 그 소리가 소년에게는 ‘약 오르지, 메롱’ 하는 것 같았다.

목욕을 끝내고 외양간을 나오면서 소년은 소를 걷어차려고 하다가 멈추었다. 뭔가 모를 감정이 가슴을 찡하게 울려왔기 때문이었다. 소년은 며칠 후면 소를 팔아야 한다는 것을 알고 있었다. 소년은 새봄에 대도시 중학교에 진학할 예정이었다. 등록금을 마련하고 전세방 한 칸이라도 얻으려면 목돈이 필요했다. 소년의 부모는 소 없이 농사짓기가 얼마나 어려운지 잘 알지만, 자식 장래를 위해서는 소를 팔지 않을 수 없었다. 소년은 자기 때문에 소가 팔려가야 한다고 생각하니 식구뿐만 아니라 소한테도 미안했다. 외양간에서 들려오는 워낭소리에 가슴이 아려왔다.

중학교 입학에 실패한 후 소년은 부모님의 농사일을 도우며 그럭저럭 지냈다. 소년의 집에서는 몇 년 전 남의 소를 이 년 동안 키워 준 몫으로 송아지를 얻었는데, 그 송아지가 자라서 벌써 어미 소가 되었다. 소를 들로 몰고 가고 집으로 몰고 오는 일, 소에게 풀을 뜯기는 일, 소꼴을 베는 일, 쇠죽을 끓이는 일 등은 거의 소년의 몫이었다. 소가 송아지를 낳으면 중학교에 보내주겠다는 부모님의 약속이 있었다. 소년은 소와 씨름하면서 틈틈이 중학교 진학 준비를 했다. 소가 가끔 말썽부릴 때도 있었으나 소년에게는 고분고분한 편이었다. 소년과 소는 친구처럼 늘 붙어 다녔다. 가을에 황송아지를 낳았을 때 소년은 소가 그렇게 고마울 수가 없었다. 쇠죽을 끓일 때 어머니한테 부탁해 밥 덩이를 며칠 동안 넣어주기도 했다. 소등도 이틀이 멀다 하고 빗자루로 쓸어 주고 몸에 붙은 쇠똥도 말끔하게 떼주었다.

소년은 소고삐를 바짝 당겨 소를 밭 가 감나무에 매었다. 나뭇가지로 식식거리면서 닥치는 대로 소를 때렸다. 소는 고개를 흔들고 이리저리 피하려 했으나 허사였다. 워낭소리만 요란했다. 소가 '다시는 그러지 않을게, 용서해 달라.' 고 사정하는 듯했으나, 소년의 분노는 가라앉지 않았다. 소년이 잠깐 눈을 파는 사이에 소는 남의 집 콩밭에 들어가 멍석 두 닢 정도를 쑥대밭으로 만들고 말았다. 소년이 발견하고 고삐를 잡아당기는데도 소는 콩잎을 더 먹으려고 기를 썼다. 소년은 부모님으로부터 야단맞을 일도 걱정이었지만, 소가 자신을 무시하고 말을 듣지 않는 것에 화가 났다. 배반당한 기분이었다.

설을 쇠고 정월 대보름 못미처 소년의 아버지는 소를 몰고 장으로 갔다. 어미 소가 다시 돌아오지 않을 것을 아는 듯 송아지가 소리치면서 외양간 안에서 날뛰었다. 소는 집을 떠나면서 연신 뒤를 돌아보며 '음무' 소리를 연발했다. 워낭은 그대로 목에 달려 있었다. 소년은 동구 밖으로 소가 사라지는 것을 보고 방에 뛰어들어와 이불을 덮어쓰고 울고 말았다. 소를 팔고 술이 거나하게 취한 채 돌아온 아버지는 소년의 손을 꼭 잡아주기만 할 뿐 아무 말도 하지 않았다.

소년도 며칠 후 짐을 싸 도시로 유학길을 떠났다. 그 후 소년의 집 외양간을 거쳐 간 소는 적지 않았다. 하지만 소년은 그때의 소를 유독 오랫동안 기억했다.

소년에게 워낭소리는 지워지지 않는 슬픔이었다.

2009. 3.

사진 이야기

가끔 묵은 사진첩에 꽂혀 있는 사진 속으로 빠져들 때가 있다. 삼십 대에는 주로 아이들 사진으로 눈길이 쏠렸던 것 같다. 사진을 들여다보노라면 하루가 다르게 커지는 아이의 모습을 확인할 수 있었다. 모습이 사랑스럽고 대견스러워 사진첩을 넘기면서 입가에 미소를 짓기도 하고 작은 행복감에 젖기도 했다. 가까이 아내가 있으면 불러 함께 사진을 보면서 그 속에 알알이 박힌 순간을 고운 언어로 다듬어 보기도 했다. 그 언어의 광주리 속에는 미래에 대한 가능성과 자신감이 충만해 있었다.

불혹의 나이를 넘기면서 사진첩에 담긴 지난 내 모습에도 눈길이 갔다. 그간 나의 인생 역정은 복잡하고 변화무쌍한 세상사에 견주어 보면 밋밋하기 짝이 없다. 그러니 사진 속에 젖어 있는 사연인들 뭐 그리 심각하고 재미있겠는가? 그런데 별것 아닌 것도 세월이 흐르고 보니 새삼스레 정겹게 느껴져 애정의 눈길로 들여다보게 된다. 무엇보다도 신기한 것은 묵은 사진 속에 묻혀 있던 아득한 사연이 지금까지도 사라지지 않고 의식의 수면 위로 고스란히 모습을 드러낸다는 점이다. 비록 사진의 형상은 빛이 바래 선명함을 잃었지만, 사진 속에 내장된 이야기는 당시보다 훨씬 또렷하게 기억에 자리 잡고 있다. 특히, 오래된 사진일수록 더욱 애틋하고 특별한 사연을 담고 있는 듯싶다.

지금 보관하고 있는 내 사진 중 가장 오래된 것은, 초등학교 들어가기 직전, 그러니까 집 나이로 여덟 살이 되는 1961년 2월에 찍은 사진이다. 이 사진은 아마 내가 태어나 처음 찍은 것으로 기억한다. 내 독사진은 아니다. 옆으로는 나보다 두 살 위인 누나가 나란히 서고, 뒤에는 갓 마흔을 넘긴 어머니가 서 있다.

사진 속에 나의 형색은 어색하기 짝이 없고, 몰골이 말이 아니다. 까까머리를 한 자그마한 아이, 아이는 왼쪽 어깨가 밑으로 처지고 오른쪽 어깨는 위로 올라간 채 인상을 찡그리고 불만스러운 표정을 짓고 있다. 검은색 교복을 입었는데 윗도리에는 다섯 개 단추가 달려 있고, 소매는 길어 손이 보이지 않을 지경이다. 사진기 앞에 주눅이 든, 영락없는 얼뜨기 촌놈의 모습이다. 사진의 주인공이 아마 내 아닌 다른 사람이었다면, 부

자연스럽고 괴상한 자세를 보고 웃음을 참을 수가 없었을 것이다. 하지만 우스꽝스럽고 어색한 모습을 한 주인공이 바로 나고, 그런 자세를 취하고 있는 내막을 너무나 생생하게 기억하고 있기에, 이 사진을 대할 때면 아련한 추억의 실타래를 타고 전해오는 한 가닥의 아픔을 느낀다.

면 소재지였지만, 당시 내가 살았던 고향에는 사진관이 없었다. 내가 평생 처음으로 사진을 찍은 이때는 아마 사진사가 멀리 대처에서 우리 마을로 특별하게 찾아온 것 같다. 정초 분위기가 설날에서 대보름을 지나 거의 정월 한 달 이어지던 시절이었다. 이 기간에 여러 가지 특별한 마을 행사가 있었다. 그중 전통 민속놀이가 아닌, 새롭게 생겨난 행사가 바로 사진 찍기였다. 대처에서 온 사진사는 동네의 양지바른 담장 밑에 세 발 달린 사진기를 세워 놓고 거의 비슷한 배경으로 동네 사람들 사진을 한나절 동안이나 찍었다. 대개 가족사진을 찍었는데, 가장은 빠지고 여자들과 아이들이 사진의 주인공이 되는 경우가 많았다. 가끔 스무 살 전후의 과년한 처녀들은 예쁘게 몸단장을 하고 독사진을 찍기도 했다. 이렇게 찍은 사진은 아담한 사진틀에 올망졸망 꽂혀 집집이 큰방이나 사랑방 벽에 걸려 독특한 분위기를 연출했다.

이때 찍은 사진 속에서 내가 이상한 자세를 취하게 된 사연은 이렇다. 그날 사진사가 왔다는 말을 듣고 온 동네 사람이 모여들었다. 모인 사람은 준비된 대로 같은 장소에서 거의 비

숫한 자세로 사진을 찍었다. 초등학교에 입학할 날을 며칠 앞둔 내 나이 또래의 아이들은 사진을 찍기 위해 새로 준비한 교복을 입었다. 그런데 나에게는 교복이 없었다. 입학하기 전에 교복 한 벌 사 주겠다던 부모님의 약속은 차일피일하다가 사진을 찍게 되던 그날까지 실행되지 못한 터였다. 안 그래도 교복을 마련치 못하여 마음 한구석이 흐려 있던 참이었다. 결국, 친구의 교복을 빌려 입어야 할 지경에 이르고 말았으니, 마음이 편할 리 없었다. 나는 토라졌다. 울며 사진을 안 찍겠노라고 고집을 부리며 어머니의 속을 태웠다. 어머니의 꾸중 반 회유 반에 마지못해 친구의 옷을 빌려 입었는데, 덩치가 워낙 작아 친구의 옷이 내 몸에 맞지 않았다. 옷이 너무 컸다. 거기에다 사진을 찍지 않겠다고 버티다가 급히 옷을 입은지라 단추조차도 엇매끼고 말았다. 그러니 어깨 한쪽은 올라가고 한쪽은 내려올 수밖에 없었으며, 소매에 덮여 손도 보이지 않았다. 기분이 엉망이었으므로 표정도 밝을 리 없었다.

가정 형편이 넉넉지 못했던 터라 초등학교에 다니면서 새 옷을 자주 사 입을 수는 없었으나, 어머니의 부지런한 성품 탓에 그렇게 남루하게 옷을 입고 다니지는 않았다. 그런 중에도 겨울철 입고 다니던 검은 교복의 소매 끝은 항상 닳아 너덜너덜했고, 소매는 닦은 콧물이 말라붙어 번질번질했다. 물론 어린 시절 입는 옷에 대해 특별한 욕심이나 불만을 느꼈던 기억은 없다. 산촌의 가정 대부분이 겨우 하루 세 끼를 때우는 데

만족하던 시절이라 너나없이 입는 것까지 신경을 쓸 여유가 없었다. 가정 형편상 주위 친구도 나와 다를 바 없이 변변찮은 옷을 입었고, 유별나게 좋은 옷을 입고 다녔던 친구는 그렇게 흔치 않았던 것으로 기억한다. 그래서 내가 입고 다니는 옷을 별로 의식할 필요가 없었으며 옷에 대해서는 주어지는 대로 편하게 받아들였다.

그런데 대구에 와 중학교에 다니면서부터 내가 입고 입는 교복과 주위 친구가 입은 교복의 차이를 선명하게 느끼게 되었다. 모毛가 섞인 고급 양복감으로 맞춘 교복과 칠성시장이나 서문시장에서 파는 기성 교복은 겉으로 금방 봐도 차이가 났다. 당시 입은 교복을 보면 그 학생의 가정 형편을 대략 짐작할 수 있을 정도였다.

우리 소유로 유일했던 한 마지기 반의 논을 팔아 입학금을 치르고, 돼지우리가 옆에 있는 문간방 한 칸을 삼만 원에 전세 얻어 자취 생활을 하면서 중학교에 다녔던 나였다. 이런 나에게는 시장에서 산 교복을 입고 학교에 다닐 수 있었던 것만으로도 분에 넘치는 행운이었고, 감지덕지해야 할 일이었다. 그것도 대도시인 대구에서 유학하게 되었으니 그 이상 행운이 없었다. 내가 윤기 흐르는 매끈한 양복감으로 맞춘 교복을 입고 다니는 친구를 부러워하지 않았다고 한다면 그것은 거짓말일 것이다. 부러움이 무의식중에 적잖게 작용했을는지는 모른다. 하지만 의식적으로는 조금도 좋은 교복을 선망하거나 내 형편에 대해 열등감을 가져 본 적은 없다. 윤기나는 매끈한 교복보다 더 가치 있는 무엇이 있다고 늘 생각했고, 그것을 성취하기 위해 노력해야 한다고 다짐했다. 중학교부터 고등학교를 거쳐 대학을 졸업하기까지 십 년 동안 객지에서 자취 생활을 하면서 입는 옷 때문에 더러 불편을 느꼈던 것이 사실이다. 그렇지만 그 불편함이 바로 나를 지탱해 주는 기둥이 되었음을 잘 알고 있다. 나보다 더 좋은 교복을 입고 다니는 친구들이 있다는 사실을 그대로 인정함으로써 나는 불편함을 참을 수 있었고, 그럴 때마다 나 자신을 더욱 강하게 단련시켰다.

1998. 5.

앉은 자리가 꽃자리

딸아이가 결혼을 하겠단다. 예상했던 바라 놀랍지는 않았으나, 순간 기쁨보다는 허전함이 더 크게 다가왔다. 올 것이 오고야 말았구나! 과년한 딸이 결혼하겠다면 아버지로서는 기뻐하는 것이 마땅하지 않겠는가. 딸 가진 아버지의 심술이란 말인가. 아마 애지중지 키운 내 자식을 빼앗긴다는 상실감이 본능적으로 앞섰으리라. 마음을 가라앉혔다. 그래, 이제 당연히 새로운 짝을 찾아가야지. 그게 세상 순리이기도 하고. 네가 이미 결정한 일인데, 부모의 의견이 무슨 소용이 있겠느냐. 알아서 하려무나. 하여튼 축하한다. 나는 어느새 서운함과 아쉬움을 누르고 적당한 타협의 접점을 찾아가고 있었다. 여유를 가져야 한다며 마음을 고쳐먹었다. 그러자 현실적인 문제가 하나

둘 다가왔다.

사랑하기 때문에 결혼한다고 한다. 그렇다. 사랑은 결혼의 조건이고 가정을 이루는 원동력임이 틀림없다. 좋아하니까 함께하고 싶고, 사랑하기에 그 사람과 같이 살고자 하는 것이 아니겠는가. 결혼하여 부부가 동반자로서 인생길을 걸어가는 데 사랑은 꼭 필요한 것임을 누가 부인하랴. 또, 처음 느낀 사랑이 평생토록 간다면 얼마나 좋으랴. 그런데 사랑은 천의 얼굴을 가지고 있어 종잡을 수 없다. 남녀가 만나 사랑을 느끼고, 결혼이라는 제도로 맺어지기까지는 마법이 작동한다. 마법의 보자기가 벗겨진 후에야 두 사람은 진정한 사랑을 가꾸어간다고 볼 수 있다. 그것은 그냥 주어지는 것이 아니다. 오해와 눈물과 화해와 아픔의 시간을 함께 하는 과정에서 싹튼다. 이런 과정을 거쳐야 두 사람은 서로의 소중함을 깨닫고, 신뢰의 탑을 쌓아갈 수 있으리라. 사랑보다 더 강한 힘은 믿음일지 모른다. 믿음 없는 사랑은 공허하며, 뿌리를 내리지 못하기 때문이다.

딸이 오랜 연애 끝에 결혼에 이르렀다. 이제 그동안 두 사람이 키워온 사랑의 감정을 현실 생활의 울타리 안으로 끌어들여 아름답게 가꾸어 갔으면 좋겠다.

결혼은 남녀 두 사람이 새롭고 특별한 관계를 맺는 일이다. '나' 와 '너' 가 만나서 '우리' 라는 공동체를 만드는 것이 결혼이 아니던가. 이는 그 어떤 '우리' 보다 특별하다. 현대에 와 결혼관이 크게 바뀌었으나 결혼이 각자 삶에 미치는 영향은 지대하다. 중요한 것은 '우리' 사이를 최적의 상태로 유지하는 일이다. 최적의 관계로서 '우리'는 '나'와 '너'의 산술적인 합을 뛰어넘어 새로운 '우리 사이'가 되는 것이다. 윤리나 제도에 의해 강요된 부부 사이는 낱낱의 두 개인을 필요로 묶어 둔 것에 불과하다. 인간적으로 가까운 '둘도 없는 우리 사이'가 될 때 최적의 상태에 이른다. 이것은 '나' 속에 '너'가 들어오고 '너' 속에 '내'가 들어갈 자리를 마련하는 것과 다르지 않다. 그렇다고 '나'를 완전히 버리고 '너' 속에 묻히는 관계도 일방적이어서 온전하지 못하다. 한 개체의 독립성과 우리의 '하나 됨'이 동시에 존중되어야 한다는 뜻이다. 그런데 그게 어디 쉽겠는가. 살면서 조금씩 깨달아 갈 수밖에 없다. 깨닫고 나면 벌써 세월은 저만큼 지나고 만다. 후회만 고스란히 남긴 채로.

내 딸이라고 다르지 않겠지만, 온전한 '우리'로 화합한 결혼생활이 되기를 아버지로서 간곡히 기원해 본다.

많은 사람이 결혼할 때 가장 중요한 것은 결혼 상대라고 생각한다. 배우자가 좋으면 결혼을 잘한다고 한다. 겉으로는 배우자가 성실한 사람이면 충분하다고 말하지만, 대개 그것은 헛말이다. 내심으로는 외모, 학벌, 직장, 집안 경제력 등과 같이 배우자의 조건을 따진다. 이 대목에서 에리히 프롬의 주장이 생각난다. 그는 『사랑의 기술』에서 사랑은 대상의 문제가 아니라, 주체의 능력이라고 했다. 사랑은 대상에 의해 수동적으로 주어지는 것이 아니라, 대상을 사랑할 수 있는 나의 능력으로 이루어낼 수 있다는 말이다. 결혼생활이 삐걱거리거나 부부간에 사랑이 식었다고 판단될 때, 대부분 모든 책임을 상대에게 돌린다. 내가 배우자를 사랑하는 능력이 부족하다는 점은 반성하지 않는다. 백마 탄 왕자가 달려와, 혹은 천사 같은 아름다운 공주가 다가와 나를 사랑해주기를 바라서는 안 될 일이다.

이제 결혼하여 새로운 삶을 꾸려갈 딸이 사랑받기를 바라기보다는 먼저 남편을 사랑하는 사람으로 살아갔으면 한다.

딸의 결혼을 앞두고 나는 지금 안절부절못하고 있다. 축하한다는 주위의 인사에도 기쁘거나 즐겁지 않다. 기쁨이 하나라면 걱정이 아홉이다. 아버지로서 염려가 앞서 딸에게 이런저런 다짐을 받을라치면 '모두 내가 알아서 한다.' 며, 마치 잔소리 듣는 것처럼 달가워하지 않는다. 괜한 걱정을 하고 있는지도 모르겠다. 자신의 일을 지혜롭게 판단할 충분한 나이가 되지 않았는가. 요새 젊은이 중에는 혼기가 넘쳤는데도 결혼을 미루거나 하지 않으려는 사람이 적잖다고 한다. 자식이 적당한 나이에 결혼하는 것은 부모에게 큰 효도라는 말에 다소 위안을 얻는다. 모든 것이 잘될 걸로 믿지만, 한편으로 막연한 걱정이

꼬리를 문다. 하지만 이제 일어나지도 않은 일로 애태우지 말자, 사서 걱정하지 말자, 인생 너무 어렵게 살지 말자, 라고 다짐해 본다. 시인 구상은 〈꽃자리〉라는 시편에서 이렇게 말한다. "반갑고 고맙고 기쁘다.//앉은 자리가 꽃자리니라.//네가 시방 가시방석처럼 여기는/ 너의 앉은 그 자리가/ 바로 꽃자리니라.//반갑고 고맙고 기쁘다."

내 딸아이도 살다 보면 어려움에 부닥칠 때가 있을 것이다. 그럴 때 어려움을 '꽃자리'로 여기고 지혜롭게 헤쳐 나가기를 간절히 소망한다. "지원아, 네가 결혼하게 되어 아버지는 반갑고 고맙고 기쁘구나."

2012. 4.

앉은 자리가 꽃자리

제3부

향기로운 사람

심안心眼

이제 돋보기안경은 나에게 필수품이다. 글자를 읽어야 할 공간에는 어디든 돋보기를 비치했다. 그것도 손길이 쉽게 닿는 곳에 말이다. 집과 연구실 책상 위는 기본이다. 조간신문을 읽는 화장실과 승용차 안에도 돋보기를 두었다. 강의할 때는 다초점 렌즈 안경을 낀다. 글자가 아주 작거나 희미한 문헌을 읽어야 할 때는 손잡이가 달린 큰 돋보기를 이용한다. 그리고 차 안에는 돋보기 말고도 진하고 옅은 두 종류의 선글라스까지 준비되어 있다. 일상에서 사용하는 안경이 열 개에 육박한다. 나는 학교 구내 안경원의 단골손님이다. 안경 없이 강의실에 들어가 낭패를 볼 때도 있다. 제자리에 둔 안경을 찾지 못해 신경질을 부릴 때도 흔하다. 돋보기는 내 몸의 한 부분이 되었다.

오래전 일이다. 눈에 티끌이 들어간 줄 알았다. 비벼보기도 하고 씻어보기도 했지만 허사였다. 거미줄 같은 것이 눈에 계속 어른거리며 신경을 긁었다. 동네 안과 젊은 의사는 고개를 갸우뚱하더니, 소견서를 써 주며 큰 병원으로 가보라고 했다. '황반변성' 이란 병명이 적혀 있었다. 인터넷에서 검색해 보았다. 앞이 캄캄했다. 아무것도 볼 수 없을지 모른다는 불안과 절망이 먹구름처럼 밀려왔다. 나의 뇌는 '실명' 이라는 단어만 집요하게 기억했다. 그 후 두 군데 종합병원에서 진찰을 거듭 받았다. '비문증' 飛蚊症. '모기가 날아다닌다.' 라는 병명이 재미있었다. 인터넷에 올라온 처방 글은 시적詩的이었다. 나뭇잎이 하나 떨어졌다고 우물 전체를 청소할 필요가 있느냐고? 이때부터 나에게 '볼 수 없다면' 이란 가정법이 따라다녔다.

겉으로 드러나는 현상에 근거해 존재의 본질을 규정할 수 없을진대, 눈에 맺힌 상을 두고 어찌 그것을 보았다고 말할 수 있겠는가? 그는 중도 실명자였다. 대기업 사원으로 근무했다고 한다. 그가 수필 창작 공부를 하겠다고 찾아왔다. 오 개월 동안 강의에도 빠지지 않고, 동료와 잘 어울리며 수필 창작에 열정을 쏟았다. 그는 사물과 풍경을 직접 눈으로 보는 듯이 묘사했다. 언어 조합이 예사롭지 않았다. 대상을 섬세하게 그릴 뿐만 아니라, 다른 사람이 쉽게 보지 못하는 것을 찾아냈다. 처음에는 그가 실명하기 이전의 기억이나 타성에 의존한다고 생각했다. 그게 아니었다. 글을 쓰는 순간 그는 대상을 직접 보고 있었다. 몸의 눈이 아니라 마음의 눈으로 보는 것이었다. 그는 진정으로 볼 줄 아는 사람이었다.

몸의 눈이 건재하여 볼 수 있다는 것은 신이 내린 축복이다. 그 축복의 근원은 밝은 빛이리라. 그런데 빛 속에 갇힌 자는 빛을 보지 못하는 법인가. 눈이 있음에도 제대로 보지 못하는 경우가 많다. 마음의 눈을 뜨지 못했기 때문이다. 육안과 심안이 원래부터 따로 있는 것은 아니다. 판단이 사물의 겉모습에만 머무는 탓에 심안을 강조하는 것이 아닌가. 본다는 것은 보이는 것만 보는 것이 아니라, 내면까지를 포함해 전체를 다 본다는 말이다. 보는 자의 시각에 의존하면 이데올로기에 빠질 가능성이 크다. 무색의 투명한 진리, 욕망이 제거된 영도의 실체란 불가능하다고 하더라도 그것을 포기할 수 있겠는가. 심안 너머 혜안까지 꿈꾸는 이유가 여기에 있다. 시인은 '견자見者'가 되어야 한다고 한 시인 랭보의 말을 떠올린다.

한 남자가 차를 운전해 가다가 도시 한복판에서 앞을 볼 수 없게 된다. 그를 집까지 데려다 준 남자, 그를 진찰해 준 안과 의사, 그 의사에게 진찰받은 환자들, 이들과 접촉한 모든 사람이 차례로 시력을 잃는다. 모든 것이 하얗게 보이는 '백색 질병'은 도시 전체로 빠르게 퍼져간다. 위험을 느낀 정부 당국은 이들을 한 곳에 수용하고 격리시킨다. 그곳은 금방 혼란과 무질서, 공포와 폭력이 난무하는 이기적인 나락의 공간이 되고 만다. 포르투갈 작가 '주제 사라마구'의 소설 『눈먼 자들의 도시』의 이야기다. 소유하고 쌓는 데 급급하여 인간에게 진정으로 소중한 것이 무엇인지를 보지 못하는 현대인의 모순성과 비인간성을 드러내 보인다. 사람이 살아가면서 놓치지 말고 보아야 할 것이 무엇인지를 깨우쳐 준다.

못 가에 앉아 눈앞에 펼쳐진 풍경을 본다. 나뭇가지와 마른 풀잎들이 추위에 파르르 떨고 있다. 서쪽의 낙조조차 눈을 시리게 한다. 오리 한 쌍이 앞서거니 뒤서거니 하면서 물 위를 노닌다. 다정함이 잔잔한 물결을 타고 가슴속으로 전해져 온다. 풍경을 마음에 담기 시작한 것은 그리 오래되지 않았다. 꽃이 피고, 새가 울고, 낙엽 지고, 눈 내리는 계절의 작은 무늬가 어느 날 내 눈에 들어왔고, 그것을 사랑하게 되었다. 풍경이란 내 외부에 존재하는 것이 아니라 내 의식에 따라 만들어진 상이다. 그래서 마음을 열어야 풍경이 제 모습을 드러내는 것 같다. 사물을 본다는 것은 그 속에 내가 들어가는 것이 아닌가 싶다. 들어가 하나가 되는 것은 그것을 사랑한다는 말이다. 마음의 눈을 열고 사랑할 때 풍경은 보이기 시작한다.

있는 그대로를 본다는 것은 현상에 치중한다는 뜻보다는

보는 자의 선입견을 최소한 줄이고 본질을 포착한다는 말일 것이다. 쉽지 않은 일이다. 누구든 시각視角을 가지기 마련이다. 시각을 좁힐수록 피사체는 선명하게 드러나지만, 그만큼 문맥이 좁아지므로 다의성을 잃게 된다. 한 방향의 명료함이 고집으로 변하는 것보다는 해석의 문이 열려 있는 다의성에 가치를 두고 싶다. 그것이 훨씬 민주적이다. 필요한 것은 넓고 공평한 시각이리라. 돋보기를 코끝에 걸친 모습은 육안의 노화를 말해주는 징표다. 흉하다고 어찌 피할 수 있겠는가. 안경 없이 잔글씨를 읽을 수 없고, 안경 너머의 글자 읽기가 어렵지만 두렵지 않다. 두려운 것은 마음의 눈을 잃어버리거나 시각의 조리개가 제어되지 않아 정말로 눈먼 자가 되는 일이다.

2009. 2.

더러 혼자일 필요가 있다

나는 올해 들어 이런저런 모임에서 탈퇴했다.

그간 살아오면서 이래저래 참여한 모임과 맺은 인간관계가 칡넝쿨처럼 엉켜 있었다. 복잡한 관계에 에워싸여 호흡 곤란까지 느꼈다. 더 머물면 질식하고 말 것 같았다. 살아 있다는 것을 확인하려고 참여했는데, 오히려 모임 속에서 나 자신이 조금씩 묻혀 갔다. 기운이 밖으로 빠져나가면서, 생각이 안으로 집중되지 않았다. 정신이 반 나간 사람처럼 이리저리 헤매고 다녔다. 그런 상황이 잠시라도 멈추면 금단 현상이 찾아와 불안하고 초조하기까지 했다. 멈추지 않으면 곧 나는 수렁 속으로 빠져들어 흔적 없이 사라지고 말 것이라는 생각이 들었다. 괴물 같은 힘으로 나를 얽어매었던 '우리' 라는 이름의 관계 고리를 하나씩 잘라내야겠다고 작정했다. 실천에 옮기기가 쉽지 않았으나 그렇다고 불가능한 일은 아니었다.

그곳에서도 강의를 들어야 했다.

모임에서 만나는 사람마다 모두 그렇게 많은 것을 알고 있다는 데 놀랐다. 어떤 때는 저녁 한 그릇 먹고 몇 시간 동안 그들의 강의를 경청해야 했다. 지겨웠다. 자리를 박차고 나올 용기는 없었다. 그들의 대화에서 빠져나와 술이라도 퍼마시고 싶었으나 기본 품위는 지켜야 하지 않겠는가. 좋은 정보를 제공해 주어 고맙다는 듯이 고개를 연방 끄덕여 주었다. 강의 주제는 올바른 정당 정치의 방향, 국가 경제 살리기 방안, 국민의 건강 증진과 문화생활 제고 따위였다. 사실 그들의 담론은 객관적 정보 공유보다는 은근한 자기 과시가 주조를 이룬다. 십억의 돈을 별것 아닌 듯이 말하는 사람 앞에서 나는 정말 작고 없어 보였다. '공' 도 못 치는 내 주제가 한심했다. 어느 나라 어디를 가보았느냐고 묻고, 거기를 꼭 가보라고 권한다. 정말 고마운 일이다.

교수 직업은 방학이 있어 좋다.

방학했느냐, 언제 하느냐, 며칠 동안이냐, 방학 동안에도 학교에 나가느냐, 방학이 있어 좋겠다, 등은 모임에서 만난 사람이 한 번쯤은 나에게 걸어온 물음이다. 농을 주고받는 친구는 "방학에도 월급을 받느냐?"라고도 한다. 겉으로는 "좋겠다."라고 부러움을 가장하면서도 놀고 월급 받는 것이 아니냐는 항의다. 더 깊은 호기심을 가진 사람은 일주일에 수업을 몇 시간 하느냐고 묻는다. 아홉 시간이 기본이라고 하면, 재빠르게 계산한다. 일주일 6일에 9시간이니, 하루 두 시간도 안 된다. 놀고먹는 나쁜 사람으로 몰리고 만다. 그렇다. 나에게는 긴 방학이 있다. 하지만 나를 '방학' 이란 개념 속에 넣고 멋대로 재단하는 사람이 싫다. 그들은 대부분 나를 이해할 의사가 전혀 없는 사람들이다. 그들과 나 사이의 벽이 너무 높다.

친목 제일주의 모임을 경계해야 한다.

친목과 무관하거나 친목이 부수적인 모임에서도 시간이 지나면서 친목주의가 서서히 고개를 내밀기 시작한다. "우리가 남이가!"라는 정서 앞에서 합리적인 논리는 제대로 자리 잡기 어렵다. 정은 현대인의 삭막한 인간관계를 부드럽게 해주는 윤활유 역할을 해준다. 조건을 걸거나 따지지 않고 주고받는 것을 중시하는 것이 정이다. 끈끈한 정을 바탕으로 하는 인간관계가 가장 이상적이라는 생각이 깊이 뿌리내려 있다. 정의 관계는 깊은 정서적 공감대를 형성하기 때문에 갈등과 배척보다는 화해와 수용을 지향한다. 하지만 한번 삐걱거리면 큰 고통을 안겨 준다. 평생 원수가 된다. 그 상처를 견딜 수 있는가? 정에 기반을 둔 친목주의가 이러한 위험을 감수하고라도 이문이 남는다면 그것을 선택할 수도 있다. 나는 누구와 원수가 되기는 싫다.

헛소문이 큰 스트레스를 준다.

모임에 가 자신을 감추면 내숭을 피운다고 하고, 드러내면 분별없다고 한다. 비공식적인 담론은 인간관계와 모임의 음성적 자양분이다. 모임은 엄청난 담론을 생산하고 소비한다. 그 내용은 모임의 운영과는 무관하다. 그것이 사적일 때 훨씬 흥미롭고 전파력이 강하다. 여기에다 섬세하지 못한 언어 사용은 이 사람 저 사람 건너면서 변질한 이야기를 만들다. 특히, 남녀 스캔들은 가장 흥미로운 소문 거리다. '카더라' 통신에 근거한 소문은 개인의 사생활에 피해를 주고 마음에 상처까지 준다. 모임에 오래 붙어 있으려면 고개 푹 숙이고 말문을 닫아야 한다. 그렇게 처신할 바에야 처음부터 발을 들여놓지 않는 것이 편하다. 모임에 나가지 않아 외롭다 하더라도 소문의 주인공이 되어 상처받기보다는 나을 것이다.

더러 혼자일 필요가 있다.

메일이 왔다. 이름도 기억하지 못하는 고등학교 동창 한 사람의 부음이다. 단지 동창이라는 이유로 메일이 왔고, 잘 모른다는 이유로 주저 없이 지워버린다. 내가 죽었을 때도 이렇게 연락이 가겠지. 나를 기억하고 내 장례식에 찾아 줄 친구는 몇 명이나 될까? 슬퍼 눈물 흘리는 사람은 있을까? "웃음이야 주고받을 친구는 많지만, 눈물로 마주 앉을 사람은 없더라."라는 유행가 한 구절이 가슴에 와 닿는다. 어쩌면 누구든 이 세상에 혼자일 것이다. 그 많은 사람으로부터 소외된 '나'라면 철저히 혼자 외로울 필요도 있겠다는 생각이 든다. 인생살이가 사람의 부딪침 속에서 이루어진다면, 거기서 생기는 이런저런 소음쯤이야 견딜 수 있어야 하지 않겠는가. 하지만 사람들과 섞이지 않은 자신의 존재를 똑바로 바라볼 필요가 있다.

2009. 2.

왔던 것은 가고야 만다

"왔던 것은 가고야 말지." 어느 날 이메일을 통해 전해 온 한 편의 시에 이 구절이 있었다. 떼어 놓고 보면 그리 대단한 의미가 있는 문장도 아니다. 그전에도 어디선가 더러 대면했을지 모를 그저 그런 평범한 어구다. 그런데 그날 이 말은 나의 폐부를 찔렀다. 그 의미는 천둥소리 같은 굉음을 내며 다가왔다. 버팀목에 팽팽하게 매였던 동아줄이 툭 끊어지는 듯했다. 그래, 맞아, 그런 거야. 나는 심오한 진리를 깨달은 듯 마음속에서 연방 고개를 끄덕였다. 한 줄기 스산한 가을바람이 가슴을 파고들었다. 눈물이 흐를 것 같았다. 이성의 논리는 온데간데없고 감상만이 덩그렇게 남아 있었다.

시간의 신은 제우스의 아버지 크로노스다. 그는 무엇이든 가리지 않고 먹어 치워 버리는 신이었다. 그렇다. 시간은 무엇이든 삼키고 만다. 시간은 길을 따라 흐르는 것이기에 뭔가를 축적한다. 그런데 무엇을 쌓고 만들고 남기는가? 시간이 흐른 뒤에는 물리적인 유물과 머릿속의 기억이 결과로 남기도 하지만, 그것은 흘러간 모든 시간의 간격을 공백 없이 채울 수는 없다. 대부분 시간은 흐르는 순간 블랙홀과 같은 거역할 수 없는 힘에 의해 먹혀 버리고 만다. 지워진다. 그것은 절대적인 운명이다. 블랙홀 속으로 빨려 들어가 혼돈 속을 떠돌아다닐 내 지난 삶의 시간은 어디서 찾을 것인가? 나의 사라져 간 시간이여, 세월이여!

나이는 살아온 삶의 길이를 측정하는 단위다. 물리적인 시간이기도 하지만 사람에 따라 매우 주관적이다. 주관적이기 때문에 나이에 반응하는 사람의 정서는 다양하다. 그런데 우리는 나이 드는 것을 '먹는다' 라고 표현한다. '먹는다' 는 표현은 시간의 흐름이 가혹한 것임을 말해 주는 것 같다. 먹는 것은 삼키는 것이고, 삼키는 것은 소멸의 과정을 밟아 가는 첫 단계다. 나이로 계산된 시간은 타동사 '먹는다' 의 목적어로 놓일 때 그 성격이 분명해진다. 한 해가 가면 누구든 한 살 나이를 더 먹는다. 나이를 먹는다는 것은 아이에게는 어른으로 성숙해 가는 과정이지만, 나이 찬 어른에게는 인생의 남은 시간을 또렷하게 셈하도록 하는 잔인한 숙명이다.

나이를 먹으면 누구나 사회 중심으로부터 퇴각해야 하는 아픔을 감내해야 한다. 쉰의 나이에 이르면서 이삼십여 년 동안 몸담아 왔던 직장을 퇴직하는 친구가 내 주위에 늘어나기 시작했다. 소위 '철 밥그릇'을 거머쥐고 있는 친구도 없지는 않으나, 다수는 직장에서 물러나거나 머잖아 '명퇴'의 순간을 불안하게 기다리는 실정이다. 제약회사에서 명퇴한 친구는 건강식품 대리점을, 20여 년 '보따리 장사'로 대학 강단에 섰던 친구는 전임 교수가 되지 못한 울분을 머금고 낙향해 버렸다. 금융 회사에서 구조 조정 당한 대학 동창은 오랫동안 잠적했는데, 최근 아파트 경비원으로 일한다는 소식이 들려왔다. 나이는 삶의 터전까지 위협할 만큼 폭력적이다.

일할 수 있는 것만큼 소중한 것은 없다. 노동은 에너지의 소비인 동시에 재충전이다. 생명의 소진인 동시에 연장이고 살아 있음의 확인이다. 그런데 나이를 먹어 노쇠해져 노동력을 잃는 것은 피할 수 없는 일인 것 같다. 노동의 효율성 원칙을 지향하는 오늘의 사회 제도는 나이 든 사람을 소외시킨다. 나도 벌써 나이 든 사람 측에 속한다. 이제 서서히 사회의 외곽지로 밀려날 수밖에 없는 처지에 놓였다. 새로운 일을 기획하기에는 용기가 부족하다. 주위를 둘러보면 책임져야 할 일만 엄청난 무게로 버티고 있다. 나이는 어쩌면 어깨를 짓누르는 삶의 무게일지 모른다. 허허벌판에 무거운 짐을 지고 혼자 서 있는 기분이다. 희망의 부피는 줄어드는데…….

나이가 들수록 시간은 빨리 흐르는 것같이 느낀다. 느끼는 시간이야말로 삶의 실제적 의미이기에, 그 느낌을 가벼이 여길 수 없다. 다우베 드라이스마는 자신의 저서 『나이 들수록 왜 시간은 빨리 흐르는가』에서 그 이유를 이렇게 설명한다. 새롭고 흥미로운 갖가지 일로 가득 찼던 어린 시절에는 시간이 더디게 흐르지만, 나이 들어 비슷한 일을 반복하게 되면 빈 공간이 많이 생기기 때문에 시간이 거침없이 흐른다는 것이다. 나이가 삶의 무게를 강요하고, 무게에 짓눌려 새로운 공간이 마련되지 못하니 대부분은 현재 삶에 안주하게 되고, 또 무상과 권태에 쉽게 빠진다. 그래서 시간은 빨리 흐른다. 무상과 권태가 나이 든 사람의 시간을 훔쳐 간 것이다.

비 가는 소리에 잠 깼다
온 줄도 몰랐는데 썰물소리처럼
다가오다 멀어지는 不協和의 음정

밤비에도 못다 씻긴 희뿌연 어둠으로, 아쉬움과 섭섭함이
뒤축 끌며 따라가는 소리, 뒤돌아보는 실루엣, 수묵으로

번지는 뒷모습 가고 있는 밤비 소리, 이 밤이 새기 전에 돌아가야만 하는 모양이다

가는 소리 들거니 왔던 게 틀림없지

밤비뿐이랴

젊음도 사랑도 기회도

오는 줄은 몰랐다가 갈 때 겨우 알아차리는 어느새 가는 소리 더 듣긴다

왔던 것은 가고야 말지

시절도 밤비도 사람도…… 죄다

유안진의 시편 〈비 가는 소리〉를 읽어 본다. 젊음, 사랑, 행복이 온 줄도 모르고 헐레벌떡 달려왔다. 가쁜 숨을 멈추고 뒤를 돌아볼 여유를 가지자, 나에게 주어진 모든 것이 서서히 떠나고 있다는 것을 알게 되었다. 나도 '떠나가는 소리'를 들을 수 있을 만큼의 세월을 살았다. 들으려 하지 않아도 들린다. 언제나 가슴 깊은 곳에서 들린다. 그것은 진저리 치는 허무와 고독을 동반한 가을바람 소리다. 젊음과 사랑과 기회. 아름다웠던 꽃이 시들고 어느새 낙엽 지는, 내리막을 한참 지난 지점에 서 있다. 어느 시인은 떠날 때를 알고 가는 사람의 뒷모습은 아름답다고 했다. 수긍이 가는 말이지만 지나치게 이성적이다. 떠나가는 것은 일차적으로 슬프다.

구내식당에서 점심을 먹고 나오는데 백 명이 넘는 어르신이 식당 앞에 길게 줄을 서 있었다. '노인 일자리 박람회'에 참석한 사람들이었다. 거기 서 있는 그들의 개인 사정은 각양각색일 것이다. 하지만 나이 든 노인이라는 점은 부인할 수 없다. 사회 변화의 원심력은 변두리에 있는 그들을 사정없이 밀어낸다. 그들은 그 원심력에 맞서 지금까지 잡고 온 끈을 놓지 않으려고 애쓴다. 어느 날 손에 힘이 빠지면 그 끈을 놓을 수밖에 없겠지. 그다음 저들은 어디로 갈까. 한참 그들을 보고 있노라니 그들 사이 어딘가에 끼어 있는 내 모습이 보였다. 깜짝 놀랐다. "왔던 것은 가고야 만다"는 말이 또 가슴을 아프게 쓸어내린다.

2006. 12.

일요일 오후에 쓰는 행복론

나는 '행복' 이란 말에 인색한 편이었다. 일상에서 '행복' 이라는 단어를 거의 입에 올리지 않았다. '행복' 뿐만 아니라 '불행' 이란 말도 마찬가지였다. 그래서인지 "행복하게 지내십시오."라는 인사말도 쉽게 나오지 않았다. 어쩔 수 없이 뱉고 나면 목구멍에 가시가 걸린 것 같은 기분이었다. 나름대로는 까닭이 있었다. 행복은 순간적으로 스쳐 가는 느낌이나 기분에 불과할 뿐, 뚜렷한 실체를 가진 것이 아니라는 선입견에 젖어 있었기 때문이다. 행복은 없다는 자기최면에 빠져 한 발도 헤어나지 못했다. 여기에다 인생살이에는 행복보다는 불행이 더 많다는 염세적인 태도가 가세했는지도 모른다. 행복이란 말을 흘리고 다니는 사람을 업신여겼다. 세상을 진지하게 대할 줄 모르는 헤프고 가벼운 사람이라고. 눈을 반쯤 지그시 감고 인상을 쓰며 심각한 표정을 짓지 않는 것은 모두 괄호 밖으로 제쳐놓았다. 심각하지 않으면 거짓이라고 생각했던 것이다. 인생은 진지하고 무거운 것이며, 그리고 행복은 없다고.

나는 일요일만은 일을 멀리하고 게으르게 보내려고 한다. 누구를 만나는 약속도 피한다. 가까운 곳의 나들이도 계획하지 않는다. 거실로 찾아온 한낮의 햇살과 노는 것이 마냥 즐겁다. 유일하게 정해진 규칙은 오전에 성당 미사에 참석하는 일이다. 내 마음에 작은 평화를 담고 가벼워지기 위함이다. 오후엔 자전거를 타고 금호강 변을 달린다. 늦가을의 상쾌한 공기가 온몸을 어루만진다. 강변의 낚시꾼이 흐르는 강물에 시간을 흘려보낸다. 하늘 높이 조각구름은 모였다가 흩어지기를 반복한다. 세상에 존재하는 모든 것이 제 마음대로 하는데도 서로 부딪침이 없다. 산, 하늘, 강물이 모두 자유롭다. 자전거 페달을 밟으며 나도 그들 속에 섞여 하나가 된다. 온통 투명함에 세상 만물이 다 드러나 보인다. 천지는 침묵하면서도 엄청난 생명과 환희의 언어를 햇살처럼 쏟아낸다. 평화, 만족, 유쾌함, 즐거움, 기쁨, 쾌락 등등. 그리고 마침내 '행복'이란 말에 빨려들고 만다.

버트런드 러셀의『행복의 정복』이란 책을 기억한다. "마음속 깊은 곳의 본능을 좇아서 강물처럼 흘러가는 삶에 충분히 몸을 맡길 때 우리는 가장 큰 행복을 발견한다."라는 말로 끝맺는다. 마음 깊은 곳에서 우러나오는 대로 따라가고 삶의 흐름을 따라 순리대로 살면 행복할 수 있다는 뜻일 것이다. 대학 시절, 이 책을 끝까지 읽을 수 있었던 것은 '정복(conquest)'이라는 단어가 주는 매력 때문이었다. 그것이 행복의 방법이 있다는 말로 들렸다. 그런데 과연 고정된 행복의 법칙이 있기는 한가? 그 후 지금까지 회의는 사라지지 않았다. 행복은 정제된 알곡처럼 한꺼번에 쓸어 담을 수 있는 것이라기보다는 일상에서 순간적으로 느끼는 상대적인 감정이 아니겠는가. 그러니 행복은 정복의 대상이 아니다. 그것은 느끼거나 발견하면 있고, 그렇지 못하면 없다. 행복은 삶과 분리되어 존재하는 것이 아니라 자신의 일상에 섞여 내재한다. 우리는 대체로 숨어 있는 것을 찾지 못해 행복이 없다고 말하는지도 모른다.

오십 리 길은 될 성싶다. 동촌 유원지 구름다리 근처까지 와서 멈춘다. 특별하게 정해 둔 목적지는 아니다. 그냥 습관이다. 언제나 그 근처는 왁자지껄하다. 확성기에서 유행가가 울려 퍼진다. 근원지가 어딘지 모른다. 알 필요도 없다. 놀러 나온 사람들이 한가롭고 여유롭다. 모두 행복해 보인다. 사실 그 사람들이 행복한지는 잘 모른다. 내가 행복하다는 느낌이 들기에 그들도 그런 것같이 보이는 것이다. 가까운 주점에 들어간다. 허름한 임시 건물이다. 삼삼오오 자리를 잡고 앉아 있다. 부추전에 막걸리를 주문한다. 땀을 흘린 후 마시는 한 잔의 술맛을 무엇으로 형언하리. 나는 그렇게 가볍다고 여겼던 '행복하다' 라는 말을 떠올린다. 금방 달려온 친구가 맞은편에 앉는다. 서로 술잔을 마주친다. 부추전 한 점을 먹어 본다. 맛이 그만이다. 마음이 넉넉하고 심정이 편안하니 친구가 건네는 말조차 감미롭다. 일요일 오후 나의 자전거 타기는 행복의 절정이다. 그 행복감에는 별다른 조건이 없다.

행복이 물질적인 조건에 의해 주어지는 것이라면, 행복을 느끼기란 쉽지 않을 것이다. 개인에게 주어진 조건은 늘 충분하지 못하기 때문이다. 좋은 환경을 가진 사람이 그렇지 못한 사람보다 더 행복해야 하는데 꼭 그렇지 않은 것을 보면, 행복은 주어진 환경에 의해 결정되는 것이 아닌 모양이다. 그러면 무엇이 우리를 행복하게 해주는가? 행복을 담는 개인 그릇의 크기가 아닐까. 그릇이 너무 크면 어지간한 행복에도 만족하기 어렵지만, 작은 그릇에는 작은 행복도 넘쳐 날 수 있다. 큰 그릇을 준비하고 큰 행복을 담으려는 사람은 소박하고 잔잔한 일상을 무시하기가 쉽다. 그런데 일상과 무관하게 다가오는 행복은 흔치 않다. 그것은 기대하기 어려운 행운이다. 행복은 일상을 사랑하는 사람한테 주어지는 선물이다. 우리 삶의 대부분은 끊이지 않는 자질구레한 일상으로 채워진다. 그러므로 일상을 소중하게 여기는 사람에게 행복은 순간적인 것이 아니고 지속적이다.

돌아오는 길이다. 해는 벌써 서산으로 넘어가고, 어스름이 깔린다. 동쪽 하늘에는 열나흘 달이 제법 높게 걸렸다. 자전거 바퀴는 쉼 없이 굴러간다. 나는 달을 등에 지고 작은 행복론을 써 본다. 행복은 여기에 있다고.

2010. 12.

향기로운 사람

강한 포도향이다. 보디클렌저를 수건에 묻혀 몸에 문지르는 순간 상쾌한 포도향이 상큼하게 전해왔다. 운동 후 샤워 때 특별한 세제를 사용하지 않았다. 그런데 올겨울 들어 피부 건조증이 심해 큰 불편을 느끼자 아내가 마련한 대책이 바로 천연세제 사용이었다. 아내는 보습 효과를 운운하면서 나이가 들수록 몸 관리에 세심해야 한다고 덧붙였다. 시각적으로도 추레하지 않아야겠지만, 남의 후각에도 신경써야 한다는 것이다. 매일 운동 후 목욕하는데, 특별한 세제를 사용하면서까지 몸의 청결을 관리할 필요가 있겠는가 싶어 처음에는 별로 달갑지 않게 여겼다. 그런데 사용할수록 매혹적인 향기에 빠져 나도 모르는 사이에 아내의 처방에 따르고 말았다. 잘 익은 포도 알을 입에 넣고 터트릴 때 나는 냄새 같기도 했고, 풀숲에서 전해 오는 아릿한 풀 향기 같기도 했다. 코는 금방 마비되는지라 상큼한 향기가 주는 좋은 기분은 그리 오래 가지 않았다. 하지만 그 냄새가 내 몸에 그대로 배어있어 혹시 다른 사람한테도 상쾌한 향기로 전해졌으면 좋겠다는 생각을 했고, 이로써 습관이 되어 요사이는 이 세제를 자주 사용한다.

사람 몸은 다섯 가지 감각을 지니고 있다. 바로 오감이 그것이다. 우리는 오감을 통해 외부 사물이나 사실을 구체적으로 감지한다. 그런데 그 중 87%가 시각으로, 7%가 청각으로 온다고 한다. 미각, 후각, 촉각은 모두 합해도 겨우 5% 남짓하다. 인류가 오랜 세월 동안 시각을 키우는 쪽으로 진화해 온 것이리라. 현재 우리가 영위하는 삶의 형태나 문화도 대부분 시각적인 것에 기반을 두고 있다. 그래서인지 현대인은 누구나 자기 자신의 모습에 큰 관심을 둔다. 자신의 외모가 타인에게 어떻게 비치는가에 대해서는 많은 사람이 병적일 정도로 집착한다. 얼굴을 뜯어고치는 성형이 크게 유행하는 현실도 이와 무관하지 않다. 수많은 화장품 생산과 다양한 화장술 발전은 이러한 시각적인 이미지를 중시하는 문화의 한 단면이다. 시각의 확대는 나머지 감각의 소외를 불러올 수밖에 없었다. 시각이 인간의 과학적이고 합리적인 사고에 기반을 두고 확대됐다는 점에서 보면, 그것은 인위적이다. 반면에 후각이나 촉각은 자연적인 감각이다. 그것은 가공되지 않은, 있는 그대로의 순수한 느낌이 아니겠는가. 문화적이기보다는 원초적이라서 꾸미기가 어렵다. 이런 점에서 후각은 시각보다 본질적이다.

누구에게나 그만의 고유한 체취가 있는 것 같다. 고유의 체취는 존재의 정체성을 규정하는 중요한 요소이다. 그것은 문화에 의해 가공되지 않은 원초적이고 자연적이어서 존재의 순수하고 진실한 면을 말해준다. 이런 점에서 체취라는 것은 존재의 고유한 방식이라 할 수 있다. 우리는 종종 강한 풀 향기를 맡는다. 그런데 그 향기는 풀이 베였거나 꺾였을 때 강하다. 생생하게 살아 제 상태를 유지할 때는 고유 향이 거의 발산되지 않는다. 풀이나 나무가 꺾였을 때 발산하는 강한 향은 자기 자신을 지키기 위한 마지막 저항이라고 한다. 그것은 외부 적을 막아 자신을 지키려는 무기인 셈이다. 어쨌든 모든 존재는 죽음이나 위기에 처했을 때 자신의 고유한 체취를 발산하는 듯하다. 나는 유년시절 자주 접했던 퇴비 냄새를 아직도 기억한다. 두엄더미에서 풀은 자신의 몸이 사라지는 마지막 단계에서 자기 존재의 징표인 양 강한 풀냄새를 남기고 퇴비가 된다. 강렬한 저항이기도 하지만, 존재의 숭고한 최후이다. 강렬한 향기를 남기며 사라지는 모든 존재는 완전히 소멸하는 것이 아니다. 그 순간 존재는 재생하는 것이다. 그래서 그때의 향기는 더욱 아름답고 거룩하다.

사람에게도 그만의 고유한 체취가 있으리라. 그런데 이 고유한 체취는 몸냄새가 아니라 마음의 냄새일 것이다. 한 인간에게서 배어나는 향기는 몸에서 나는 물리적인 냄새가 아니라, 그가 보유한 정신적인 체취라는 말이다. 나이를 먹고 인생 연륜을 쌓게 되면 그 사람의 내면이 얼굴에 드러난다고 한다. 마찬가지로 누구에게나 그 사람만의 마음의 체취가 있는 것 같다. 진한 화장을 통해 얼굴 모습을 다르게 꾸밀 수 있는 것처럼, 인공 향수를 통해 자기 자신의 체취를 일시적으로 바꿀 수 있을 것이다. 하지만 인공향의 기능이 소멸하면, 금방 본래의 상태로 돌아가고 만다. 사람은 각자 자기가 가진 고유한 체취를 숨길 수 없다. 어떤 사람의 체취는 아름답고 유쾌한 향기로 전해오지만, 그렇지 않고 악취를 풍기며 역겨움을 줄 때도 있다. 정신적 내면이 향기롭지 못하기 때문이다. 마음이 음울하거나 욕심으로 가득 찬 사람한테서 아름다운 향기가 묻어날 리 없다. 반듯한 언행과 몸가짐, 넉넉한 마음 씀씀이, 깊고 올곧은 생각, 굳건한 신념과 용기, 다정다감한 정서 등을 가진 사람한테서는 지워지지 않는 인간적인 향기를 맡을 수 있다. 인간적인 향기로 가득 찬 사람을 만나고 싶다.

과연 나는 다른 사람에게 향기로운 사람일까? 아니면 인상을 찌푸리게 하는 고약한 욕망의 냄새를 풍기는 위인은 아닐까? 겉으로는 진리와 도덕으로 포장하고, 내면은 텅텅 빈 영혼

없는 존재는 아닐까? 나 자신의 하잘것없는 욕망의 감옥에 갇혀 남을 위해서는, 혹은 이 사회를 위해서는 작은 일도 실천하지 못하는 이름뿐인 지식인은 아닐까? 연구실 책 속에만 묻혀 세상 밖으로 시선을 돌리지 못하는, 행동하지 못하는 반쪽의 지성인이 나의 초라한 초상화이고 현주소인지 모른다. 이것이 2 · 28 기념사업회로부터 원고청탁을 받고 가장 먼저 떠올렸던 상념들이다. 그러면서 경산 출신의 김윤식 시인이 생각났다. 그는 1960년 '2 · 28' 이 있었던 그 다음 날 『대구일보』에 〈아직은 체념할 수 없는 까닭〉이란 시를 게재했는데, "1960년 2월 28일/ 우리들 오래 잊지 못할 날로, / 너희들/ 고운 지성이사/ 썩어가는 겨레의 가슴 속에서/ 한 송이 꽃으로 향기로운 것이니"라고 노래했다. 이렇게 말한 김윤식 시인 자신이 '썩어가는 이 사회의 지성인 중에 한 송이 꽃처럼 향기로운 사람' 이 아니겠는가? 문학이 추구해온 어떤 사상이나 정서도 이보다 향기롭지 못하리라. 세상을 향한 순수하고 용기 있는 이 외침만큼.

2012. 1.

주후무탈

주후무탈酒後無殺이란 말이 있다. 술 마신 후에 무사해야 함을 강조하는 말임을 금방 짐작할 수 있다. 술로 말미암아 불미스러운 사고가 빈번히 일어나기 때문에, 이를 경계하기 위한 말인 듯싶다.

사실 술의 진미는 '탈脫'에서 우러나온다고 할 수 있지 않겠는가. 그러니 '주후무탈酒後無殺'은 몰라도 '주후무탈酒後無脫'까지는 지나친 요구가 아닐까 생각한다. 그런데 '벗어남[脫]'에 탐닉하다 보면, 대개 그것이 '사고[殺]'로 이어지기 쉽다. '사고[殺]'를 경계하면서 적절히 '벗어남[脫]'의 자유를 즐기는 사람, 우리는 이러한 사람을 두고 진정으로 술을 아는 사람이라고 말할 수 있을 것이다.

그런데 이런 경지에 이르기가 그리 쉽겠는가? 특히 보통 사람들의 술 마시기란 늘 '주후유탈酒後有殺'의 연속이 아니던가? 꽤 일찍부터 술을 마시기 시작한 나는 평상시 늘 '주후유탈酒後有脫이되, 무탈無殺해야 한다'는 생각을 해 왔다. 비록 그것을 엄격히 실천하지는 못했지만, 술을 마실 때마다 가능하면 이를 실천하려고 애썼다. 그래서 주후무탈酒後無殺은 나의 주도가 되었는데, 이렇게 된 데에는 사연이 있다.

나는 대학을 졸업하고 입대를 연기한 채 곧바로 대학원에 입학했다. 석사 과정을 이수하면서 야간에는 여고 교사로 근무했다. 입대 전까지 일 년여 동안 대구시에 있는 모 여고 야간부 학급에서 국어 과목을 가르쳤다. 공부를 위한 직장 생활이었지만, 직장 또한 소홀히 할 수 없었던지라 양쪽을 왔다갔다하며 바쁜 시간을 보냈다. 나름대로 열심히 노력했으나, 대학원 공부와 고등학교 교사로서 역할 중 어느 하나에도 충실하지 못했던 것 같다.

대학을 갓 졸업하고 보낸 이 일 년 남짓한 기간은, 나의 지난날 중에서 매우 소중하고 아름다운 추억을 남겨 주었던 때였다. 그러나 또 한편으로는 모든 면에서 열정만 앞섰을 뿐 미숙하여 많은 시행착오를 거듭했던 시기로 기억되기도 한다. 물론 이 실수와 그에 따르는 부끄러움도 지금은 추억으로 남아 입가의 미소로 피어나지만 말이다.

그러니까 1979년 7월 17일 제헌절 때의 일이다. 공휴일인 이날, 학교 전 선생님들은 친목회 주최로 전세 버스를 타고 부산 태종대로 단합 대회를 겸한 일일여행을 떠났다. 대학을 졸업한 지 일 년밖에 되지 않은 스물여섯 살의 나는 남자 교사 중에 나이가 가장 어렸다. 나이 많은 선배 교사가 층층이 있었고, 야간에만 근무했기 때문에 다른 교사들과는 그리 친한 관계를 맺지 못한 터라 행동이 조심스러울 수밖에 없었다. 이런 관계로 대구에서 부산으로 가는 버스 안에서 일부 술판이 벌어졌으나, 나는 최대한 자제력을 발휘하여 권하는 술을 적당하게 사양하면서 양을 조절했다.

우리 일행은 목적지인 태종대에 도착하여 관광을 마친 후 한 식당에 들어가 점심을 먹게 되었고, 싱싱한 생선회를 안주로 소주잔을 주고받으면서 술기운에 젖어 갔다. 무르익어 가는 분위기에 빠져 나의 자제력은 턱이 점점 낮아지기 시작했고, 권하는 술을 거절하지 못했다. 결국, 술이 나를 마시고 말았다. 평상시 술버릇이 괜찮다는 평을 받아 온 나였지만, 어쩐 일인지 이날 많은 부분을 술에 의탁하고 말았다. 술 힘을 빌려 다소 격에 맞지 않은 용기를 보였던 것이다.

그날 술 힘을 빌린, 빗나간 나의 용기 있는 행동은 바로 우리 일행의 좌장이었던 교감 선생님을 향했다. 내가 그분과 함께 생활했던 시간은 일 년 남짓한 시간에 불과했다. 그러나 그는 내가 이십여 년 동안 교직에 몸담으면서 만났던, 존경할

만한 교육자 중의 한 분이었다. 당시 교직에 처음 입문한 햇병아리 교사였던 나를 자상하게 대해 주었고, 문제가 생길 때마다 많은 조언과 도움을 아끼지 않으셨다. 그래서 나는 늘 그를 고맙게 생각했다. 엄함과 자상함을 함께 지니셨던 그가 때로는 아버지같이 느껴졌다.

술은 의외의 일을 만들기 쉽다. 그날 오후 행사를 마치고 대구로 돌아오는 버스 안이었다. 술에 취한 나는 뒷좌석에 앉았다가 벌떡 일어나서 앞자리에 계시던 교감 선생님에게로 가서 '따님 셋 중 한 사람을 주십시오.' 라고 졸랐다. 아예 옆에 자리를 잡고 앉아서 했던 이야기를 반복하면서 양념같이 '따님을 저에게 달라' 는 말을 뱉었다. 선생님의 팔을 당기기도 하면서 마치 어린아이가 떼를 쓰듯이 매달렸다는 것이다. 이러한 행동이 처음에는 아마 일행들에게 다소 애교로 보였을 수도 있었을 것이다. 그러나 중심을 벗어난 나의 행동은 귀엽게 봐 줄 수 있는 정도에서 그치지 못하고 도를 넘어서고 말았다. 나의 빗나간 용기는 동료 교사들에 의해 강제로 저지되었고, 술에 취한 나는 다시 잠에 취해 기억 밖으로 빠져나갔다. 이날 내 행동은 분명 탈脫을 넘은 '탈殺' 이었다.

이튿날 출근하면서 전날의 실수가 어렴풋이 떠오르긴 했지만, 선배 교사가 그 내막을 상세하게 말해 주기 전까지는 내가 구체적으로 어떻게 행동했는지 기억이 나지 않았다. 어제 일을 다 듣고 걱정을 하자, 그는 별것 아니라고 위로의 말을 했다. 그러나 부끄럽고 죄송한 마음을 어떻게 해 볼 수가 없었다. 어제의 행동에 대한 교감 선생님의 꾸중을 기다렸다. 기다리는 시간 동안 수많은 상념이 뇌리를 스쳐 갔다. 자책했지만, 엎지른 물이었다. 자괴지심으로 괴로웠다. 그런데 교감 선생님은 그 일에 대해 꾸중은커녕 아무런 언급도 없었고, 나의 사과에도 특별한 반응을 보이지 않았다. 입가에 잔잔한 미소만 흘릴 뿐이었다. 이것이 나를 더욱 힘들게 했다.

세월이 약이라는 말처럼, 그 후 시간이 흘러가자 마음이 점차 편해졌다. 하지만 오랫동안 교감 선생님 앞에서 얼굴을 못 들었고, 사무적인 이야기를 제외하고는 거의 말을 붙이지 못했다. 그러던 어느 날 교감 선생님께서 수필집 한 권을 주면서 본인의 작품이 실려 있으니 읽어 보라는 것이다. 그러면서 "지난번 좋은 글감을 주어 고맙습니다."라고 한마디 덧붙였다. 이 말에 거의 잊어 가던 그날의 부끄러움이 다시 솟아올랐다.

그 수필집에 수록된 교감 선생님 글 제목이 바로 '주후무탈酒後無殺'이었다. 이 작품은 술에 관해 두루 교훈적인 이야기를 담고 있었던 것으로 기억되는데, 주제는 제목 그대로 주후무탈이었다. 부끄러움과 긴장 속에서 그것을 읽었다. 글에 새겨진 낱낱의 말들은 뾰족한 가시가 되어 나의 아픈 곳을 파고들었다. 그때 주후무탈의 개념은 내 머릿속에 깊이 새겨졌고, 그 흔적은 지금까지도 생생하게 남아 있다.

이십 년이 흘렀다. 솔직히 말해 그간 내 의식에 새겨진

'주후무탈' 의 가르침은 제 기능을 발휘하지 못할 때가 적잖았다. 그러나 술을 즐겨 마셨고 가끔 주후유탈이었어도, 그것이 주로 나 자신에게 피해를 주었지 남에게 정신적으로나 물리적으로 특별한 피해를 주었던 경우는 별로 없었던 것 같다. 반쪽이기는 하지만, 어느 정도 주후무탈을 실천한 셈이다. 이렇게라도 실천할 수 있었던 것은 아마 그 부끄러운 체험을 한 후부터 나의 주도로 자리 잡은 주후무탈의 가르침 덕분이라고 생각한다.

어쩌면 우리는 주후유탈酒後有脫의 매력 때문에 술을 마시는지 모르겠다. 목이 빠지게 행복을 갈구해도 메아리쳐 오는 것은 복잡하고 답답한 일상의 감옥뿐인 것, 어찌 술이 필요치 않겠는가? 이탈이 때론 사고와 실수로 이어질 수 있다고 해서 술을 포기하기에는 많은 아쉬움이 남는다. 술을 통해 고정된 정형의 틀로부터 이탈을 진정으로 즐길 줄 아는 자는 주후유탈酒後有殺에 이르지 않는다. 술을 너무나 사랑하기 때문이다.

주후무탈酒後無殺! 나에게 분명 실천하기 어려운 덕목인 것 같다.

1999. 8.

쓸데없는 일

"쓸데없이!" 초등학교 5학년인 나는 아버지 말을 듣지 않았다. 실과 교과서에서 본 꽃동산을 만들고 싶었다. 어머니를 졸랐다. 담 밑의 빈터에 둥그런 흙더미를 쌓고 그 위에다 꽃모종을 구해 심었다. 채송화, 나팔꽃, 봉숭아, 달리아, 해바라기, 분꽃, 옥잠화, 코스모스. 옮겨 심고 하루가 지나자 꽃모종은 시들시들해지기 시작했다. 덩그렇게 쌓인 흙무더기 위에서 살 리가 없었다. 그것을 몰랐던 것이다. 나의 기분도 시들어 갔다. 물을 연거푸 주었지만 허사였다. 줄기는 맥 빠진 패잔병처럼 축 처지고 잎은 생기를 잃어버렸다. 포기하고 말았다. 심은 꽃모종을 뽑아 거름 터에 내던졌다. 흙무더기 동산도 허물어뜨렸다. 끝내 울고 말았다. 아버지는 꾸중을 섞어가며 왜 그것이

'쓸데없는 일' 인지를 설명해 주었다.

포도 상자가 거실에 가득하였다. 100kg이나 되었다. 옹기 단지 두 개를 새로 장만했다. 발효를 촉진하는 시약도 충분히 준비해 두었다. 포도주를 담그는 데 하루가 꼬박 걸렸다. 와인에 빠져 지낸 세월이 십 년이 넘었다. 마침내 직접 담그는 데까지 마음을 두게 되었다. 아내는 반대했다. 그냥 사 먹는 것이 훨씬 나은데 왜 번거로움을 자초하느냐는 것이었다. 그렇다고 돈을 절약하는 것도 아닌데. '쓸데없는 일' 을 한다는 핀잔이었다. 별로 소용이 없는 와인 냉장고까지 사들였으니 나로서는 할 말이 없었다. 나의 포도주 담그기가 매년 이어지자 아내는 포기했다. 언제부터인가 그냥 지켜만 보았다. 올해는 포도주가 익어가는 단지 위에 내가 입던 헌 양복까지 덮어 두었다. 아내는 '못 말리겠다' 는 듯이 웃었다.

신문 스크랩한 것이 수천 장에 이른다. 신문을 읽으면서 기억할 필요가 있는 내용이나 좋은 글은 눈에 띄는 대로 오려 둔다. 시간 나면 그것을 A4 용지에 풀로 붙여 보관한다. 연구실에 찾아오는 사람 중에는 나의 이런 모습을 보고 의아해하는 사람이 적잖다. 대부분 쓸데없는 일을 하는 것이 아니냐는 표정이다. 사실 그렇다. 어쩌다 수업 시간에 복사하여 학생들에게 읽히고, 글을 쓰다 참고하려고 이리저리 뒤적여 보는 것이

고작이다. 거의 무용지물로 복잡한 연구실의 자리만 차지하고 있다. 그런데도 나는 아직 신문 스크랩을 즐겁게 한다.

'쓸데없는 일을 해서는 안 된다.' 이것은 항상 나의 잠재의식에서 무거운 압박으로 작동됐던 것 같다. 오늘까지 크게 방황하지 않았던 것도 그 덕택이었는지 모른다. 그런데 언제부턴가 나는 몇 가지 쓸데없는 일에 매달리고 있다. 재미있고 즐겁기 때문이다. 무엇이 쓸 데 있는 일이고, 무엇이 쓸데없는 일인가. 상식적인 기준에서는 쓸데없는 일로 보일지라도, 당사자에게 그 일은 매우 소중할 수 있다. '쓸데없는' 자기만의 즐거운 일이 가장 쓸데 있는 일이 아닐까. 주위 시선에 구애받지 않고 자기만의 즐거운 일에 몰두할 때 그 사람의 개성과 정체성이 뚜렷해지는 것 같다. 물론 어느 일이든 집착해서는 곤란하다. 채우려는 욕심이 없으면, 텅 비어 둘수록 마음은 한결 고요해지기 때문이다.

나는 아직 철이 덜 들었는지, 쓸데없는 나만의 일을 그만두지 못하고 있다.

2010. 1.

폭설과 코스모스

묵은 사진첩을 우연히 넘긴다. 구석에 꽂혀 있는 반명함판 크기의 작은 사진 한 장이 눈에 들어온다. 이십여 년 전 제대 무렵에 찍은 나의 사진이다. 군복 차림이다. 모자에 붙어 있는 하사 계급장은 세월의 흐름에도 불구하고 너무나 또렷하다. 흑백의 명암으로 새겨진 얼굴에서는 젊음의 건강함이 배어난다. 사진에서 나는 정면을 기준으로 약간 왼쪽으로 돌아앉아 있다. 그런데 오른쪽 팔은 완전하게 드러나 있는데 왼쪽은 어깨만 보일 뿐 팔과 손이 보이지 않는다. 사진의 구도가 어색하기 짝이 없다. 사진의 왼쪽 부분이 잘려 나갔기 때문이다. 한 부분을 잃어버리고 반쪽만 남은 사진 속 내 입가에는 엷은 미소가 담겨 있으나, 그 끝에는 한 가닥의 슬픔이 살짝 스치는 듯하다.

나는 마음에 묻어 두었던, 잘려 나간 사진의 왼쪽 부분을 갖다 붙인다. 끊어져 버렸다고 생각했던 시간이 선명하게 이어졌다. 코스모스 꽃길이 보인다. 그녀가 꽃길을 따라 걸어가고 있다. 묻혀 있던 시간이 사진 위로 새겨지고, 나는 사진 속으로 빨려 들어간다.

내가 근무하는 부대에 그녀가 찾아온 것은 지금부터 이십여 년 전 일월 중순의 월요일이었다. 햇빛이 높은 산꼭대기에 손바닥만큼 남아 있던 해질녘이었다. 행정병의 연락을 받고 위병 초소로 나갔다. 그녀가 바바리코트 깃 뒷부분을 세우고 먼 산을 바라보고 있었다. 멀리서도 그녀가 누구인지 직감적으로 알아차렸다. 가까이 다가가자 그녀는 나를 쳐다보면서 엷은 미소를 지었다. 그녀의 긴 목을 감싸고 있던 화사한 꽃무늬 스카프가 유난히 눈에 띄었다. 초소 옆에 일렬로 늘어선 버드나무 가지에 힘들게 매달려 있던 눈송이들이 바람에 날리며 떨어지고 있었다. 눈송이들이 코스모스 꽃잎 같다는 생각이 들었다.

천지가 온통 하얀 눈으로 덮였다. 폭설이었다. 우리 부대원 모두는 이틀 전부터 계속 제설 작업에 매달렸다. 전방 군부대에 내리는 눈은 병사들에게 고역을 강요하는 폭군과 같은 것이다. 눈이 다 내리고 난 후에 한꺼번에 제설 작업을 하는 것이 합리적이다. 그런데 군부대에서는 눈이 내리는 순간부터 제설 작업이 시작되어 그칠 때까지 반복된다. 제설 작업도 전투의 일종이라는 논리 앞에서 합리성은 무력했다.

갑자기 나타난 그녀의 모습을 확인하는 순간 나의 합리적인 이성과 의지들이 증발하고 있음을 느꼈다. 그녀는 마치 폭군처럼 다가와 나의 모든 계산을 허물어 버렸고 지금까지 나의 이성이 애써 다듬어 온 모든 것을 눈 속에 묻어 버렸다. 나는 전투력을 잃어버린 병사처럼 이 급작스러운 변화에 조금도 대항하지 못하고 하얀 눈에 반사되는 그녀의 눈빛 속으로 한없이 끌려 들어갔다. 그 이후 그녀는 나에게 언제나 폭설과 같았다. 흔적을 지우고 또 지워도 쌓이는 폭설.

휴가 때 친구들과의 술자리에서 그녀를 처음 만났다. 외모가 단정하고 성격이 차분했다. 말수가 적어서 그런지 차갑다는 느낌을 받았다. 그 차가움은 남자의 통속적인 접근을 차단하기에 충분했다. 군인이라는 신분에서 발산되는 다듬어지지 못한 폭력적인 욕망이 순간적으로 치밀어 올랐으나 끝까지 누르고 그녀를 무시해 버렸다. 휴가 나온 군인이 여자를 앞에 두고 하는 말과 행동은 처음부터 공허하고 초라할 수밖에 없음을 잘 알고 있었기 때문이다. 나로서는 긁어 상처를 만들 필요가 없었다. 그 자리에서 이방인의 처지임을 잊지 않으려 애썼다. 물론 귀대 후 얼마 동안 그녀는 가끔 환상적인 이미지로 스쳐 갔다. 그럴 때마다 부질없는 일이라고 나 자신을 달랬다.

그녀는 토요일 아침 대구에서 출발하여 월요일 해 질 녘에 내가 근무하는 부대에 도착했으니 꼬박 3일이 걸려 나를 찾은 셈이다. 그녀가 알고 있었던 정보는 내가 근무했던 포병 대대를 나타내는 네 자리 아라비아 숫자뿐이었다. 그리고서는 그날 술자리에서 어렴풋이 들은 지명들을 떠올리면서 무작정 나를 찾아 나섰다. 토요일은 대구에서 서울을 거쳐 가평에 와서 헤맸고, 일요일에는 가평에서 포천을 거쳐 철원까지 오게 되었다. 월요일 아침 포기 직전에서 요행히도 우리 부대를 아는 사람을 만났다. 몇 달 전 후방으로 옮긴 우리 부대를 묻고 물어 찾았을 때는 월요일 하루가 또 저물고 있었던 것이다.

폭설이 내리는 경기도와 강원도 일대를 헤매면서 사흘 만에 찾아온 그녀는 온 대지를 하나로 정복한 폭설처럼 너무나 태연했다. 태연함 뒤에 드리워져 있는 그림자까지도 눈처럼 투명한 것 같았다. 자신의 감정을 날것으로 드러내지 않겠다는 의지가 역력했다. 이 무모하고 고단한 그녀의 여정을 듣고 감탄보다는 두려움이 앞섰다. 한 걸음도 물러설 수 없었다. '이 여자가 왜 내 앞에 나타났을까' 라는 궁금증이 컸으나 결국은 묻지 못했다. 아니 묻지 않았다. 마음 한구석에서 갑자기 피어오르는 환희의 불길이 꺼질까 두려웠기 때문이다. 그때 내 존재는 새로운 세계에 직면하고 있었다. 지루하고 답답하던 시간이 사라지고 내 앞에는 아름다운 세계가 꿈처럼 펼쳐졌다. 그곳에는 갖가지 색깔의 코스모스가 피고 있었다.

월요일에는 공식적으로 외출이 허가되지 않았지만, 포대장의 배려로 부대 앞 민박집에서 그날 밤을 그녀와 함께 보낼 수 있었다. 나는 오랜만에 술과 폭설에 취했다. 영하 20도의 혹한에도 밤은 얼어붙거나 정지하지 않고 빠르게 지나갔다.

그 후 그녀는 거의 매일 편지를 보내왔고 한 달에 한 번씩은 면회를 왔다. 그리고 언제나 그녀의 목에는 꽃무늬 스카프가 마스코트처럼 매여 있었다. 그해 여름 부대 위병 초소에서 국도로 이어지는 길가 양옆에는 여름부터 코스모스가 피기 시작하여 가을까지 매혹적이고 환상적인 꽃길을 만들었다. 그녀는 항상 코스모스가 활짝 핀 길을 걸어 나를 찾아왔다.

나는 제대하고 일 년 만에 지금의 아내와 결혼했다. 결혼하면서 그녀의 모든 흔적을 지웠다. 아니 지워야 한다고 생각했다. 그래서 그녀와 함께 찍은 사진에서 그녀를 잘라냈던 것이다. 어쩌면 제대와 함께 고역이었던 제설 작업으로부터 해방되고 싶었는지 모를 일이다.

지금 이십 년 전 잘려나간 사진의 한쪽을 붙이고 있다. 그 한쪽은 사라지지 않고 이십 년이라는 시간 속에 그대로 남아 있다. 물론 그것은 구체적인 형체가 아닌 단절된 몇 개의 이미지에 의해 구축된 환상과 같은 것이었고, 불완전하고 낡은 기억에 불과했다. 하지만 그것의 희미한 흔적은 아직도 가끔 의식 위로 떠오를 때가 있다. 과거에 대한 기억은 분명 자질구레한 욕망의 분출에 불과할지 모른다. 또한, 흔들리는 현재를 지탱하기 위한 안쓰러운 발버둥일 수 있다. 그렇지만 흐르는 시간에 대응해 온 초라한 기억이 때로는 현재에 부대끼는 내 존재에 위안이 되기도 한다. 시간 속에 형체는 묻혀 버렸지만, 또렷이 남은 기억은 분명 아름답다. 아름다운 추억은 존재의 빛이 아니겠는가.

2002. 11.

흰색, 그 허무의 그림자

나에게 흰색은 편치 못한 색상이다. 순백純白의 사물을 대하면 아득한 곳에서 밀려오는 불안과 두려움에 전율을 느낄 때가 잦다. 흰색은 늘 내 생활의 언저리에서, 그리고 내 의식의 한구석에서 나를 노려보는 감시자다. 흰색에서 곧 허물어질지도 모르는 아슬아슬함과 폭력이 남긴 허무를 느낀다. 대개 깨끗함, 순수함, 평화와 화해의 속성으로 해석되는 흰색이 공포와 두려움의 발산지로 작동한다면 그것은 정상을 벗어난 것이 아닌가. 정상과 상식 너머에서 나를 옥죄고 있는 흰색의 괴이한 힘은 무엇일까. 나는 지금 그것의 근원에 대해 생각해 본다. 모든 것은 허무로 귀결된다. 나를 감싸고 있는 허무를 외면하기에는 그것의 두께가 너무 많이 자라 있다.

초등학교 때다. 행정병으로 근무하던 형님은 휴가 때마다 백지를 한 가방씩 가지고 왔다. 다양한 크기의 흰 종이는 질이 매우 좋았다. 도화지로 사용해도 손색이 없었다. 종이 표면의 매끈매끈한 감촉은 가을 하늘의 솜구름을 만지는 것과 같은 환상을 불러일으킬 정도였다. 누런 갱지로 만든 공책이 고작이었던 시절에 그 백지는 나를 매료시켰다. 나는 종이를 묶어 공책을 만들어 쓰기도 했고 미술 시간에 도화지로 사용하기도 했다. 그렇게 아름답고 깨끗한 종이 위에 아무렇게나 글씨를 쓰거나 그림을 그릴 수 없었다. 글씨 한 자를 쓸 때도 정성을 다 쏟았다. 그런데 장마철 어느 날이었다. 학교 수업을 마치고 비를 함빡 맞은 채 집에 와 보니, 방 한구석에 고이 보관해 둔 그 백지는 새어든 빗물에 몽땅 젖어 있었다. 빗물이 허술한 초가집 지붕을 타고 방안으로 흘러들었던 것이다. 나중에 햇빛에 말려 보았지만 허사였다. 종이 모서리에 누런 빗물이 적시고 간 흔적은 흉물처럼 꿈틀거렸다. 흰색의 깨끗함에 쏟아 왔던 나의 사랑과 숭배는 처절하게 무너졌다. 소중한 것이 내 의지와는 무관하게 망가져 가는 것을 아무 대책 없이 바라보고 있을 때, 거기에는 지독한 허무의 냄새가 묻어났다. 그 고약한 냄새는 유년 시절부터 나를 따라다녔다.

나의 군대 생활을 압축해서 하나의 이미지로 걸러내면, 그것은 흰 눈이었다. 내가 근무했던 강원도 철원에는 겨우내

지루하게 눈이 내렸다. 눈이 그렇게 귀찮을 수 있는 존재인 줄은 그때야 알았다. 그 무렵 있었던 모든 일이 눈의 이미지로 전이되어 기억될 정도로 지독한 눈이었다. 아침에 기상해 내무반 문을 열고 밖으로 나오는 순간 앞을 가로막는 눈은 도저히 거스를 수 없는 운명의 장벽 같았다. 거기에는 온 세상을 한 손에 틀어쥐고 있는 독재자가 가로막고 있었다. 독재자는 조금만 심사가 뒤틀릴라치면 서슬 시퍼런 칼을 들이댈 기세였다. 제설 작업이 강제되면서부터 눈은 싸우고 정복해야 할 상대가 된다. 완상의 대상이 아니라 노역의 굴레다. 눈은 태고의 전설을 전해주는 신비의 읊조림도 아니고 달콤한 감상의 발원지도 아니다. 폭력이었다. 합리성의 파괴에서 출발하는 폭력은 인간의 상식과 관습으로부터 발생하는 기본적인 의미들을 삼켜 버린다. 폭력을 행사하는 자의 괴팍하고 주관적인 의향이 전부다. 거기에는 쌍방의 소통은 거부되고 일방적인 강요만이 있을 뿐이다. 제설 작업은 군대의 속성을 가장 잘 말해 주는 은유다. 전체를 위한 개인의 거룩한 희생. '거룩한' 이란 말의 이데올로기에는 개인에 대한 보이지 않는 폭력이 도사리고 있다. 폭력 앞에서 나 자신을 지탱하기 위해서는 철저히 비굴해지지 않을 수 없다. 점차 비굴함에 익숙해지자 수치심도 둔화하여 갔다. 높이 쌓아 올렸던 이념과 가치의 탑은 무너져 내려 쓰레기처럼 뒹굴고 말았다. 폭력에 유린당한 개체가 가장 견디기 어려운 것은 물리적 형체의 망가짐이 아니라 폭력에 패배하고 마는 정신적 무력감과 허무감이다. 흰 눈으로 상징되는 군대 생활에서 나는 폭력의 생리를 알았고 그 앞에서 비굴해진 내 초라한 존재를 확인했다. 허무로 가는 길은 거기서부터 출발하였다.

눈 위엔 코스모스가 피었다. 그녀는 온통 눈으로 덮인 산골짜기 외딴 부대 앞에 서 있다. 코스모스 꽃잎은 연분홍이었다. 그녀가 입은 외투의 자줏빛도 흰색 눈에 섞여 분홍빛으로 빛났다. 십이월의 짧은 해는 서쪽으로 기울고, 온 천지에 쌓인 순백의 눈 속으로 석양의 차가운 노을이 가라앉고 있었다. 그녀는 겨울 저녁의 빈 하늘을 바라보면서 채워지지 않는 정열과 욕망의 광활한 넓이에 겨워 몸을 가볍게 떨었다. 한 줄기 바람이 코스모스 꽃잎을 날리면서 지나갔다. 바람에 날리는 머플러를 걷어 내리는 순간 그녀의 얼굴에는 기쁨과 동시에 한 가닥 근심이 산그늘처럼 드리워졌다. 어둠이었다. 그건 자신을 포기하는 신호였고 스스로에 대한 측은한 눈길이었다. 겨울과 코스모스는 불가능과 불협화음이지만, 그 순간 그곳에서는 최상의 조화였다. 어긋남과 어울림이 동류항일 수 있음을 말해 주는 듯했다. 어긋남에서 느끼는 조화는 피할 수 없는 숙명이다. 거기에는 아픔과 슬픔이 있다. 그 여자는 차가운 대지를 강렬하게 장악하고 있는 하얀 눈 위를 걸어서 나에게 왔다. 그리고 몇 해가 지나지 않아 자줏빛 코스모스가 피어 있는 길을 따라 떠났다. 나에게 백설은 자줏빛 코스모스 꽃잎이 눈송이처럼 하늘

거리는 이별의 길이었다. 눈 위에 새겨지는 발자국은 다시 돌아오지 않을 선명한 결별의 표상이었다. 발자국으로 이어지는 이별의 길에는 아득하게 슬픔의 눈이 차곡차곡 쌓였다. 나의 이별은 흰색이었고 허무의 빛이었다.

중 · 고등학교 시절, 여름철 나의 교복 상의는 항상 잉크로 얼룩져 있었다. 펜으로 잉크를 찍어 글씨를 쓰던 시절이라 실수로 잉크병을 자주 엎질러, 주로 흰색 아니면 회색 계열이었던 교복 윗옷은 잉크 얼룩이 군데군데에 묻어 있었다. 볼펜을 주로 사용할 때도 마찬가지였다. 볼펜의 잉크가 거꾸로 흘러 윗옷 주머니 주위를 물들이기 일쑤였다. 깨끗이 빨아 잉크를 제거하려 애써 보지만 천에 깊이 스며든 잉크는 쉽사리 지워지지 않았다. 나는 흰색 교복에 남아 있는 잉크 얼룩이 싫었다. 그것은 순수하지 못한 나의 속내를 밖으로 드러내 보이는 것 같았기 때문이다. 잉크를 묻히지 않으려고 조심해야 했고, 묻은 잉크 얼룩 때문에 늘 초조했으며, 지워지지 않는 그것 때문에 속상했다. 그래서 잉크를 쏟아도 별로 표나지 않는, 겨울철의 검은색 교복이 편했다. 한 점 티도 없는 흰색의 사물은 그 자체가 너무나 깨끗하기 때문에, 거기에 묻은 작은 얼룩 하나도 크고 흉하게 보인다. 이런 점에서 흰색은 다른 색을 무난하게 받아들일 수 있는 여유가 부족하다. 흰색이 섞이면 모든 색은 완전히 다른 색으로 변모한다. 다양한 색상을 만들기 위해서는 흰색의 배합이 무엇보다 중요하다. 다른 것과 쉽게 융화될 수 있다는 점에서 흰색은 매우 개방적이며, 새로운 가능성을 내포하고 있다. 하지만 때로는 흰색은 자신의 너무나 깨끗한 이미지를 이용하여 다른 존재의 결점이나 허물을 선명하게 들춰낸다는 점에서 정의롭지만 지나치게 야박하다. 삶은 밝음 속에서만 전개되는 것은 아니다. 삶의 주위에는 어두운 그림자들이 항상 떠돈다. 사람은 언제나 똑바른 길만 걸어갈 수 없다. 일탈의 유혹과 실수와 좌절로 얼룩진 길을 가기 마련이다. 하지만 흰색은 이런 것을 무던하게 받아들이지 못한다. 흰색은 엄한 규율이고, 무서운 훈육 선생님의 회초리와도 같다. 나는 이 무수한 규율의 회초리 앞에서 마음 졸이고 산다. 그것이 내 삶을 얼마나 단조롭게 하는 것인지도 모른 채 말이다. 이럴 때마다 스쳐 지나가는 허무의 그림자를 본다.

흰색을 순결한 가치로 규정하려는 것은 사유의 관성일 수 있다. 흰색은 어쩌면 진리와 가치의 부재일지 모른다. 거기에는 니힐리즘의 냄새가 풍긴다. 그렇지만 그것은 모든 것을 부정하는 허무주의나 회의주의는 아니다. 뚜렷한 하나의 중심을 찾지 못하고 방황하고 있지만, 중심이 있을 거라는 기대를 완전히 포기하지 않는다. 끊임없이 무와 조우하고 냉소주의의 유혹을 버리지 못하지만, 그 무가 세계 작용과 존재 생성의 원천이라고 믿는다. 모든 것을 도덕적인 신념으로 재단하기를 거부하고 문화의 절대적인 가치를 인정하지 않지만, 지식의 타당성과 윤리의 정당성을 완전히 부정할 수도 없다. 나에게 있어 흰색에서 풍기는 허무는 하나의 냄새고 빛깔이다. 냄새와 빛깔은 현상이고 포오즈일 따름이지, 전체나 본질은 아니다. 흰색은 어떤 것을 담기 위한 그릇이다. 지금 그릇 속에 아무것도 담겨 있지 않다고 해서 전적으로 허무한 것은 아닐 터이다. 그렇지만 나는 흰색이 늘 감옥 같다는 생각을 떨치지 못한다. 유리병 속에 갇혀 있는 한 마리의 곤충이 생사의 갈림길에서 부르짖는 투명한 소리를 듣는다. 그 소리는 너무나 투명하여 오히려 울림이 없다. 울림이 없어 공허하다. 공허함에서 허무를 느낀다. 이처럼 흰색은 내 의식에 깊은 악연으로 새겨져 있다.

1999. 8.

침묵의 소리를 듣는다

내일은 절기로 한해 중 밤 길이가 가장 긴 동짓날이다. 동지는 대설과 소한을 이어주는 중간에 위치한다. 겨울의 한복판에 기나긴 밤으로 표상되는 동지가 있으니, 겨울은 자연스럽게 밤의 이미지로 상상이 되곤 한다. 밤은 침묵의 시간이요, 어둠의 공간이다. 겨울은 침묵, 즉 소리의 부재 속에 흐르는 시간이라 할 수 있다. 그렇지만 '소리 없음' 은 있는 그대로의 현상만은 아니다. '소리 없음' 은 '소리 있음' 을 통해서만 감지될 수 있다. 침묵 너머에는 겨울만의 고유한 소리가 있다. 침묵이 겨울의 현상이라면, 침묵의 소리는 겨울의 의미이고 가치다.

겨울의 맛을 가장 잘 드러내는 소리는 아마 밤바람 소리일 것이다. 시인 정지용은 〈향수〉라는 시에서 "질화로의 재가 식어지면 / 비인 밭에 밤바람 소리 말을 달리고"라고 하였다. 깊은 겨울밤 산골짜기를 타고 내려와 마을 주위의 빈 밭을 지나는 바람 소리를 말들이 광야를 질주하는 것에 비유하고 있다. 지축을 흔드는 소리와 대지를 거침없이 쓸고 지나가는 모습이 함께 표현되고 있다. 바람은 원래 소리보다 시각적인 형상으로 존재하는 것이지만, 겨울 밤바람은 소리를 통해 전해지는 것이 제맛이다. 깊은 겨울밤 외부와 차단된 방 안에서 잠의 문턱을 넘기 바로 직전에 대지를 질주하는 바람 소리를 듣는다. 그 바람은 어디서 시작되었는지 모른다. 뒷산을 넘어 소나무 숲을 지나온 바람 소리는 솔잎처럼 날카롭고 푸르다. 텅 빈 들판을 지나면서 땅속에 묻힌 무수한 신비의 꿈과 전설을 실어 온다. 거기에는 굶주린 짐승의 울부짖음과 천사의 노래가 공존한다. 겨울의 밤바람 소리는 어둠과 침묵의 자식이면서 배반자다. 그래서 소리는 '소리 있음'인 동시에 침묵이다. 바로 침묵의 소리다. 그것은 신비이고 꿈이고 영혼의 시원에 이르는 주술과 같은 것이다.

겨울의 소리가 침묵의 소리라면, 그것은 아마 눈 오는 소리로 대표될 수 있을 것이다. 여름의 비 오는 소리가 삶의 현실적인 모습을 확인시켜 준다면, 겨울의 눈 내리는 소리는 우리를 태고의 원시 속으로 회귀하도록 한다. 김광균은 그의 시

〈설야〉에서 한밤에 소리 없이 흩날리는 눈을 두고 "머언 곳의 여인의 옷 벗는 소리"라고 하였다. 그리움과 관능의 결합이 절묘하다. 눈은 우리의 의식을 추억으로 향하게 한다. 추억은 과거에 대한 그리움을 환기하며 현재의 슬픔에 젖도록 한다. 그리움과 슬픔이 묻어 있기 때문에 눈 오는 소리는 은밀하다. 희미하게 들리면서도 언제나 나를 향해 다가오는 소리이기에 달콤하다. 하지만 그것은 바로 내 앞에 이르러서는 아슬아슬하게 사라지고 만다. 사라진 뒤에는 작은 허무가 여운으로 남는다. 눈 내리는 소리는 침묵의 소리다. 그것은 그리움과 슬픔과 관능과 허무와 같은 몸의 근원적인 소리로 들린다.

사람은 소리를 이용하여 말을 만들었고 음악을 창조했다. 소리를 인공적으로 의미화하고 아름답게 꾸민 것이다. 이것이 인간의 위대한 창조물임이 틀림없으나, 삶의 근원적인 부분에 미치지 못하고 언저리에서 금방 잦아지고 마는 경우도 허다하다. 마음을 울리지 못하는 소리는 소음일 수 있다. 무수한 말과 음악의 홍수 속에서 살아가지만, 내 영혼에 와 닿는 소리를 듣기는 쉽지 않다. 밤바람 소리와 눈 오는 소리와 같이 침묵의 소리는 근원을 알 수 없는 곳에서 시작하여 내 의식의 깊은 곳에 와 닿는다. 특히, 원석原石에서 울리는 자연의 소리는 상상력을 자극하고 우리의 영혼을 절대 자유의 공간으로 인도한다. 그러한 소리에서 영적이고 계시적인 힘을 느낀다.

모든 존재는 자기만의 고유한 소리를 가지고 있다. 그것은 보이지 않는 저 깊은 곳에서 울려 나오는 존재의 근원적인 소리다. 바로 침묵의 소리다. 이를 듣는 것은 존재와 생명의 시원으로 찾아가는 상상의 여행이다. 침묵의 소리는 소리가 아니라 마음의 울림이다. 그것을 듣기 위해서는 정신과 영혼의 귀를 열어야 한다. 이 겨울 한복판을 지나면서 계절이 들려주는 침묵의 소리를 듣는다. 그리고 초라한 내 존재의 아득한 고향에 대해 생각해 본다.

1999. 12.

앉은 자리가 꽃자리

제4부

공간의 두께

금호강

강의 발길은 이제 여유 있다. 그러기에 강이다. 씨를 뿌려 내일을 기약하는 발원지의 야망과 욕망도 버렸다. 산골짜기 험난한 바위 숲을 뛰어넘던 야성도 잠재웠다. 앞으로 나아가는 일도 초탈한 듯하다. 아니, 앞으로만 나아가지 않고 옆을 두루 살펴 적시는 넓은 마음마저 얻은 것 같다. 한량없는 자비와 평화의 마음이다. 깨달음이고 득도이다. 그래서 강은 주저 없이 자기 자신을 비운다. 비운 그 자리를 나무와 풀에 내어준다. 자신의 몸 한복판에 늪을 키운다. 거기에는 물 버들이 숲을 이루고 온갖 풀이 상생한다. 강은 이들에게 자리를 나눠주어도 자기 몫이 충분하다는 것을 잘 아는 모양이다. 늪을 키움으로써 자신의 몸이 맑아질 수 있고, 욕심 없이 맑아서 편안하게 흐를 수 있지 않은가?

금호강琴湖江은 포항 죽장면 가사령에서 발원해 대구시 달성군 화원읍에서 낙동강 본류로 유입되기까지 장장 삼백 리를 흐르는 강이다. 낙동강의 지류이지만, 지류로 불리기엔 억울하다 할 만큼 강으로서의 본색을 제대로 갖추어 의젓하다. 영천시, 경산시, 대구시를 거치면서 그 중류인 영천시 금호와 경산시 하양 일대에서는 경북 제일의 금호평야의 젖줄로 흐른다. 금호강 범람원인 이곳은 도시화와 함께 포도밭, 대추밭, 묘목단지, 연근재배단지로 거듭나고 있으나 원래는 사과밭으로 유명했다. '대구=사과' 라는 등식도 금호강이 만들어낸 상징적 기호다. 무엇보다 경산 하양과 대구 안심 지역의 금호강 습지는 야생동물과 식물의 서식처가 되어줄 뿐 아니라, 강물을 자정시켜 주는 '자연의 콩팥' 기능을 톡톡히 한다. 착하고 기특한 강이다.

영천 금호와 하양으로 이어지는 강변은 갈대의 나라다. '금호琴湖라는 말은 강변의 갈대 스치는 소리가 비파를 연주하는 것과 같다고 해서 붙여진 이름이라고 한다. 굳이 이런 유래에 기댄다면, 금호강은 원래 갈대의 강이었다. 하양 대부 잠수교에서 물띠미를 거쳐 청천으로 이어지는 지점에서 금호강의 아름다움은 절정을 이룬다. 철 맞추어 백로가 날개를 접으면 강은 넉넉한 가슴을 열고 팔을 벌리며, 물결 위에는 작은 미소가 번진다. 더러는 치맛자락을 내려 온갖 물고기의 치기 어린 놀음을 살짝 감추어 주기도 한다. 습지의 나무와 풀 사이를 흐르면서 강은 천진난만한 아이가 되고, 완만한 경사지를 만나면 마침내 웃음보를 터뜨린다. 여느 강도 마찬가지겠지만, 그 백미는 강이 석양을 담을 때다. 세상의 모든 존재는 제 혼자가 아닌 다른 것과 어울릴 때 가장 아름답다는 것을 보여준다.

하양에서 금호강을 따라 대구 쪽으로 내려가면 청천에 이른다. 팔공산 초례봉 아래에서 펼쳐지는 청천들과 금호강이 만나는 지점의 청천 유원지는 한때 많은 사람이 찾았던 명소다. 산업화가 본격화되면서 도시가 팽창하자 도시 근교에는 위락단지가 조성되는데 청천유원지도 그런 곳이었다. 지금은 매운탕 집 하나가 옛터를 홀로 지키고 있을 뿐, 유원지 일대는 잡풀이 우거졌고 멀리 미루나무 한 그루가 졸음을 참고 있다. 금호강이 있어 가고 싶었던 그곳, 가는 길에는 사과밭이 금단의 열매처럼 유혹의 손짓을 보냈고, 청춘들의 밀어가 새겨진 곳이다. 청천(淸泉)도 이제는 추억 속에 잦아들 뿐이다. 오로지 변하지 않는 것은 지금도 그대로 흐르는 금호강이다.

강은 저 혼자 흐르지만, 언제나 그곳 가까이 사는 사람과의 관계 속에서 이름을 얻는다. 사람에게 삶의 터전이고 젖줄이 바로 강이다. 사람이 강을 제대로 대접해 주지 않으면, 강은 그들의 삶을 뿌리까지 흔들어 놓는다. 강은 언제나 사람에게 많은 것을 준다. 물질적인 혜택뿐만 아니라 삶의 지혜까지 건넨다. 그런데 문명을 섬기는 인간은 당장 필요할 때만 강을 이용하고 평소에는 외면하기 일쑤다. 이러니 강이 제 모습과 아름다움을 제대로 보여줄 리 있겠는가? 금호강을 따라 대구선, 경부고속도로, 대구에서 영천으로 이어지는 국도가 나란히 평행선을 이룬다. 문명의 길 위에는 질주하는 속도만 있고, 강을 마음에 담는 여유가 없다. 금호강은 쾌속의 길옆에 있지만, 태연하게 제 갈 길을 간다.

많은 사람이 금호강을 보지 못했다고 한다. 모른다고 한다. 금호강은 오늘도 그대로 그곳에서 흐르고 있는데도.

2008. 9.

대부잠수교

강을 가로질러 다리가 있다. 다리는 강을 위에서 제압하려 하고 강은 밑에서 다리의 뿌리를 흔들려 한다. 다리는 강의 몸 위를 거만하게 지나가고 강은 수가 틀리면 언제나 다리의 발목을 걷어찰 형세다. 교차하는 다리와 강은 우호적일 수 없는 운명인 것 같다. 다리는 강물에 휩쓸리지 않으려고 교각을 튼튼하게 하고 자신의 몸을 높인다. 강물은 앞길을 가로막는 다리를 귀찮은 존재로 여기고 다릿발의 콘크리트를 조금씩 깎아내고 철근을 부식시킨다. 하지만 다리의 존재 의의는 강이 있기에 드러난다. 강이 없으면 다리가 필요 없지 않은가. 강은 다리의 존재 조건이며 가치이기에 좋은 다리는 강을 이기려 하지 않고 끌어안는다. 강을 위무하고 자신의 일부로 편입할 때, 다리는 한층 아름다운 법이다.

금호강을 가로질러 하양읍 대조리와 부호리를 잇는 아름다운 다리가 있다. '대부잠수교' 다. 대조리와 부호리를 잇는다고 그렇게 이름을 붙인 것 같다. 대조리 쪽에서 잠수교로 들어가려면 강둑을 넘고자 180도 좌회전을 해야 하고, 부호리 쪽에서는 대구선 철길을 건너야 한다. 어느 방향에서나 진입하기가 수월찮다. 다리의 폭은 겨우 오륙 미터 정도로 좁다. 차 두 대가 교행할 수 있는 차도 밖에는 손바닥만 한 인도가, 그것도 한 쪽에만 나 있다. 좁은 폭에 나지막한 높이의 다리에는 난간도 없다. 이 모두가 사람의 편리함보다 자연의 존재를 존중하는 마음에서 우러나온 결과라 하겠다. 그래서인지 콘크리트 교각을 세우고 상판을 연결했으나 징검다리의 안온한 느낌이 고스란히 전해온다. 징검다리는 물과 하나다. 물속에 자신의 몸을 맡김으로써 다리의 역할을 한다. 대부잠수교가 그렇다. 특히, 일 년에 한두 차례 홍수가 나면 대부잠수교는 강물이 무사히 흐르도록 아예 자신을 버린다. 강물과 맞서지 않고 자신을 기꺼이 낮추고 버렸기에 홍수가 지나면 금방 상처 없이 제 모습으로 되돌아온다.

다리에 들어서면 가장 먼저 금호강이 얼굴을 내민다. 화려하지 않지만, 표정이 해맑고 정겹다. 우기를 제외하고는 수량이 많지 않아 강물이 흐르는지 머무르는지 모를 정도다. 고요하기가 색실로 자수를 놓고 있는 새색시 숨결 같다. 푸른 바탕 위에 백로가 날개를 접는다. 먼 곳을 날아온 철새에게 필요한 것은 강이 제공하는 휴식과 먹이일 것이다. 때로는 정적을 깨고 한 쌍의 백로가 엉켜 우아한 몸짓을 보여준다. 이중섭의 〈부부〉에 그려진 두 마리 봉황이 스쳐 간다. 열정적인 입맞춤으로 상징되는 수컷과 암컷의 뜨거운 사랑은 우주의 신비이고 생명이다. 초라한 외형에도 대부잠수교에서 아름다움을 느끼는 것은 이러한 생명의 근원적인 몸짓을 목격할 수 있기 때문이다. 더욱이 자기 자신은 숨기면서도 강과 주위 풍경을 돋보이게 하는 묘법은 대부잠수교의 매력이 아닐 수 없다.

근년에 들어와 대부잠수교 부호리 쪽 강 둔치에 유채 단지를 조성하였는데, 이곳이 하양의 명소가 되었다. 사월이 되면 강변은 온통 노랑의 잔치다. 쉼터까지 만들어 놓아 많은 사람이 찾아온다. 유채꽃의 진노랑이 주는 이미지는 매혹적인 차원을 넘어 관능적이기까지 하다. 관능의 유혹을 좇아 연인은 한순간이나마 사랑을 확인하기도 한다. 그런데 저편 강물이 빙그레 미소를 띠고 대부잠수교 밑을 흘러간다. 그 미소는 유채꽃이 금방 지는 것처럼 그들의 사랑도 머잖아 식고 만다는 뜻인가? 그렇다. 강 둔치에 조성된 유채단지는 대부잠수교의 원래 식구가 아니다. 오히려 유채꽃이 지고 난 후 강변을 보라색으로 뒤덮어버린 등갈퀴넝쿨꽃이 대부교의 진정한 이웃이리라. 척박한 모래와 자갈땅에 뿌리를 내리고 꽃을 피운 보라색의 순진함에서 대부교의 겸손함을 느낀다. 위쪽 강 한가운데에 무모하게 자리 잡고 대부교를 내려다보는 물버들의 태연함도 좋다.

다리는 이쪽과 저쪽을 이어주는 길이다. 인생살이도 길을 따라가는 것이라면 누구나 다리를 건너야 한다. 그런데 사실 건너야 할 것은 다리가 아니고 강이다. 다리는 강을 건너는 하나의 방법일 뿐이다. 예부터 인생살이를 산 넘고 물 건넌다고 했다. 살아가면서 마주치는 고비를 넘어야 하고 난간을 극복해야 한다. 강 위에 있는 다리는 살아가는 방법을 일깨워주는 지혜라 할 수 있다. 나는 매일 대부잠수교를 건너 출퇴근한다. 가끔 자신의 몸을 낮추고 언제든지 강에 몸을 맡길 각오를 하는 대부잠수교를 떠올린다. 그럴 때마다 온몸에 힘이 잔뜩 들어간 나를 발견한다. 물살을 거스르지 않고 강에 몸을 맡기면 굳이 튼튼하고 높은 교각을 만들려고 애쓰지 않아도 된다. 아직도 이를 체득하지 못한 어리석은 나를 질책해 본다.

나는 출퇴근할 때 대부잠수교를 건넌다. 벌써 그 세월이 팔 년이 흘렀다. 대부잠수교는 언제나 자신의 몸을 낮추고 금호강이 편안히 흐르도록 배려한다. 그래서인지 이곳을 지나는 나까지도 편안하다. 출근 때는 어서 오라고 반기고, 퇴근 때는 잘 가라고 인사한다. 운 좋으면 남쪽 하늘에 뜬 반달이 강 속에 내려와 앉은 풍경도 볼 수 있다. 다리가 자신을 낮추어 강물에 몸을 적시기에 가능한 일이다. 대부잠수교는 물에 잠기는 것을 두려워하지 않으며, 자신을 내려놓아야 강과 하나가 될 수 있음을 침묵으로 말해 준다. 나의 출퇴근길은 대부잠수교가 있어 행복하고 정겹다.

2008. 6.

연지

경산에는 못[池]이 많다. 지역 어느 곳을 가든지 고만고만한 저수지를 만난다. 못 가로는 수초가 우거지고 버드나무가 물속에 몸을 담구고 있다. 군데군데 자리 잡은 낚시꾼의 모습이 더해지면 풍경은 한가롭기 그지없다. 겉모양새나 분위기로 보아 '저수지' 보다는 '못' 이라고 불러야 제격일 것 같다. 도시가 팽창하면서 물을 담아 농사에 이용하겠다는 못의 원래 목적성은 희미해져 간다. 용도 변경이 필요했던가? 꽤 큰 규모를 가진, 경산시 신천동의 진못과 갑제동 감못도 언제부터인지 연못이 되었다. 가운데 멍석만 한 숨구멍 몇 군데를 제외하고는 못 전체가 연으로 덮였다. 이럴 때는 연못보다는 연지蓮池가 더 어울린다. 염천에 갈증을 느낀 푸른 연잎이 못물을 다 마셔버

렸나 보다. 햇볕이 강렬할수록 푸른 연은 더욱 울창한 숲을 이룬다. 연지는 연의 바다다.

연이 있기에 '연못'이고 '연지'다. 연꽃봉우리가 짙푸른 연잎 위로 수줍은 듯 환한 얼굴을 내밀고, 칠월 하순이면 연분홍 연꽃이 만개하리라. 그러면 연꽃이 연지의 주인이 될지 모른다. 그런데 '연'의 실체는 과연 무엇인가? 불면 날아갈 것 같은 연분홍의 꽃은 푸른 연잎을 압도하는 듯하다. 세상에 존재하는 모든 아름다운 색을 조합해 놓은 것이 연꽃이라고 한다. 그 신비로운 색상만 보더라도 연지의 주인은 연꽃이다. 하지만 연잎을 자세히 보라. 연의 통잎은 광대한 우주를 떠받칠 수 있을 만큼 넓고 푸르다. 연지를 지키기 위해 광야를 달리는 푸른 기마병 같다. 이런 연잎이 없다면 연꽃은 필 수 없으리라. 연지의 주인은 연잎이다. 그런데 그곳에서 낚시하는 사람을 보라. 연꽃도 연잎도 눈에 들어오지 않는다. 물속에 노니는 물고기에만 관심을 둔다. 고기가 놀도록 물을 깨끗하게 해 주는 것은 연의 뿌리다. 연의 실체는 보는 사람에 따라 다르다. 꽃과 잎과 뿌리, 모두가 연이면서 어느 것도 연의 실체가 아니다. 어느 것도 주인이 아니니 연지에는 연이 없는 셈이다. 그렇지만 연지에는 분명히 연꽃이 있다.

연꽃은 불교의 상징적인 기호다. 오래전부터 연꽃은 불교를 가까이했던 동양인의 삶과 의식에 다양한 의미로 작용한다. 연은 비록 진흙 속에 몸을 담고 있으나 어떤 오탁汚濁에도 물들지 않고 청정함을 유지하는 식물로 인식된다, 종교적 가르침에서 본다면, 사람은 마땅히 깨끗하고 순수한 본성을 가꾸어 어떤 환경에 처하더라도 본성이 더럽혀져서는 안 된다는 뜻이다. 물이 묻지 않는 연잎처럼 영욕에 빠지지 않는 고매한 삶의 자세를 상징하기도 한다. 주위가 아무리 혼탁하더라도 자기만은 거기에 물들지 않고 깨끗함을 유지하는 것도 가치 있는 삶이다. 그러나 더 중요한 것은 자기뿐만 아니라 주위의 타자까지 정화하는 적극적인 태도다. 연꽃의 가치는 흙탕물까지 정화하는 데서 빛난다. 그리고 연은 열매가 익을 때 꽃을 피우는 식물이다. 이는 중생이 태어나면서부터 불성을 지니기 때문에 누구나 성불할 수 있음을 암시한다.

연꽃은 불교의 꽃이다. 종교적 의미가 겹겹이 칠해져 실상을 보기 어렵다. 연꽃으로 가는 시선이 순수해도 오랫동안 누적된 불교 교리가 그것을 가만두지 않는다. 연꽃은 있는 그대로 보면 아름다울 수도 있고, 시시한 꽃일 수도 있다. 연꽃의 분홍빛을 요염한 유혹의 에로티시즘으로 보는 것은 불순함인가? 주위 더러움에 물들지 않고 자기만이 청정한 본성을 유지하는 것은 이기적이라고 왜 말하지 않는가? 연꽃을 보는 것이 아니라, 허상의 관념을 보기 때문이다. 가섭의 일화다. 대중에게 설법하던 부처님이 말을 멈추고 연꽃을 보였다. 누구도 그 의미를 알지 못했는데, 가섭만이 미소를 지었다고 한다. 소위 '염화시중拈華示衆의 미소' 다. 깨달음은 언어로 표현할 수 없다는 뜻. 그런데 누구나 언어를 통해 연꽃을 알려고 한다. 말을 버리고 빈손으로 다가갈 때 연꽃의 참모습을 볼 수 있다. 연지에는 '연꽃' 이 아닌 '연' 이 있다.

진못 연지를 둘러보고 감못으로 가는 길이다. 조폐공사 앞 길가에 배롱나무의 붉은 꽃이 밉지 않다. 꽃이 핏빛이어서 집안에 두기를 꺼렸다는 미신이 전해온다. 연꽃이 불교의 교리를 함의한다고 고상한 꽃으로 보는 것과 무엇이 다른가. 감못의 연꽃도 진못의 연꽃과 다르지 않았으나, 느낌은 확연히 달랐다. 자리 잡은 배경이 다르고, 그것을 보는 눈높이가 다르기 때문이다. 후덥지근한 한 줄기 바람이 스쳐 간다.

연꽃
만나러 가는
바람 아니라
만나고 가는 바람같이……

서정주의 시구다. 나는 연꽃을 만나러 가는데, 바람은 연꽃을 만나고 가는구나. 어느 것이든 이별이 전제되었음은 마찬가지다. 그러기에 연꽃은 물 위에 오래 머물지 않는다. 그 꽃자리가 영원할 수 없음을 잘 알기 때문이다. 진못과 감못의 연꽃에서 세련된 이별의 미학을 읽는다.

2008. 7.

서상동 종갓집

경산시 서상동에 '종갓집' 이 있다. 몇 년간이라도 경산에서 살았던 사람이면 누구나 알 정도로 잘 알려진 공간이다. 도시 외곽 이곳저곳에는 아파트가 하늘을 찌르건만, 외진 곳에서 초연하게 키 낮추고 제자리 지키는 고가古家. '종갓집' 으로 부르는 집 안마당에는 사월이면 오랜 풍상 견뎌온 라일락 나무가 짙은 향기로 자신의 존재를 보란 듯이 알린다. 비록 등걸은 세월의 나이테를 버거운 듯 안고 있으나 매혹적인 향기만은 깊이 가라앉은 옛 젊음의 육체 그대로다. ㅁ자형 집 한가운데에는 아름드리 은행나무 한 그루가 짝을 잃고 외롭게 목 빼고 서 있다. 그 옆 자락에 있는 우물은 깊은 세월의 전설을 가득 머금고 입을 열지 않는다. 무엇을 말하고 싶은가? 집안 곳곳에 주인의 정성스런 손길이 닿아선지 시간을 삼킨 온갖 물건과 나무가 제 빛을 내고 있다. 아담하여 사랑스럽기 그지없다.

집은 사람이 구성한 공간이다. 그것은 인간 욕망의 벽돌로 빚어낸 것이기에 언제나 세월의 질투를 피해 가기 어렵다. 벽돌과 서까래 한 모퉁이를 야금야금 갉아먹는 것은 시간이다. 집은 시간의 거센 도전에 맞서 버티지 못하면 무너지고 만다. 그래서 고가에는 시간의 바다를 건너온 파란만장한 삶의 흔적이 여기저기에 남아 있다. 문살 사이에도 기둥 틈새에도 보인다. 거기에는 흐트러지지 않는 의연함이 있지만, 인내에서 오는 피곤함도 배어난다. 무엇이든 어떠리. 긴 세월을 견뎌온 것만으로도 장하다. 옛집을 만나면 누구나 외경심을 가질 수밖에 없는 까닭을 알리라. 사람의 명이 다하듯이 집도 언젠가는 시간 앞에 무릎을 꿇고 말 것이다. 이백 년보다 오랜 삼백 년을 버티었다고 더 소중하다 말 못하리. 억겁의 세월에 백 년을 더한들 무엇이 달라질까? 유한한 존재, 사람의 약한 비명에 불과하다. 오래된 집도 그냥 집으로 받아들일 때 편하다.

지금 경산 '종갓집' 은 보통명사가 아니라, 고유명사다. 전통 음식점이다. 칼국수가 맛있는 집이다. 점심때를 조금 지난 시각에 찾으면 제격이다. 한가롭게 눈길 닿는 대로 집안 곳곳을 보는 즐거움이 쏠쏠하다. 물론 봄비 내리는 오후나 가을비 내리는 저녁 무렵이 더 좋다. 대지를 깨우는 빗소리를 들으면서 뒤란 꽃밭에 내리는 가녀린 빗줄기를 바라본다. 막걸리 한 잔을 비운다. 상위에 놓인 풋고추가 더욱 싱싱해 보인다. 묵은지 한 조각 입에 넣는다. 이럴 때는 모든 생각을 내려놓고 감각에 와 닿는 것만 받아들이면 된다. 무수한 감정의 입자가 물안개처럼 공간을 메운다. 시간도 멈춘다. 시간과 공간이 무화되면 일상도 증발한다. 그곳에 머무는 나도 땅속으로 스며드는 빗물처럼 존재를 숨긴다. 경산시 서상동 '종갓집' 방에 앉았다. 하강하는 빗줄기 따라 나 자신을 낮출수록 행복하고 숨길수록 뚜렷해진다.

집은 현실적인 기능에서 출발하지만, 세월이 쌓이면 상징화된다. 기능의 차원에서 집은 개인이 실제로 삶을 꾸려가는 의미의 공간이다. 그런데 집은 단순히 물리적 공간으로 머물지 않는다. 거주하는 사람에 의해 집은 점차로 상징적 기호의 수준으로 나아간다. 처음의 실용적인 의미의 기능은 약화하고, 대신에 기표가 전면에 드러나면서 의미조차 공적인 성격을 띤다. 특히 '종가宗家'는 더욱 그렇다. '집안'이란 혈연에 의해 상징화된 울타리가 '종갓집'이다. 종가에는 종손이 있다. 개인의 아늑한 휴식처로서의 집이 사회화되고 상징화되면, 종손은 '집'을 지배하는 진정한 주인이 되지 못하고 집을 지키는 봉사자가 되어야 한다. '종갓집'의 진짜 주인은 '집'인 셈이다. 경산시 서상동의 '종갓집' 은 이제 집의 '기능' 도 '상징' 도 퇴색된 공간이다. 그곳을 지나치는 사람들의 상상력으로 재구성되는 다양한 이미지만이 꽃으로 피어난다.

어떤 학자는 인류의 역사가 정주형 위주에서 유목형 위주로 바뀔 것이라고 예언한다. 집에서 붙박이로 살기에 싫증이 났는가? 집은 언제나 되돌아올 원점이고 고향이었으나 자유의 속박이기도 했다. 집이 있는 한 사람은 떠돌이의 삶을 동경할 것이다. 이제 농사꾼 카인을 청산하고 목동 아벨을 추종할 것인가? 양자는 모순이며 갈등인가? 미셸 투르니에는 카누를 만들자면 나무를 베어야 하기 때문에 붙박이 나무와 떠돌이 카누를 선택해야 한다,라고 했다. 유목민이 대세라면, 현대 우리는 어떤 형태의 집을 어떻게 지어야 하는가? 나무를 베지 않고 카누를 만드는 방법이 대안이리라. 한 도시 공간에서 고층아파트와 오래된 '종갓집' 이 상호보완적인 의미를 창출하며 공존할 수 있다. 모두 집을 버리고 유목민이 된다고 하더라도 경산시 서상동 인적이 뜸한 그곳에서 '종갓집' 은 오래도록 건재하리라.

2008. 5.

복사꽃이 피었다

봄은 꽃과 함께 왔다가 꽃과 더불어 간다. 봄의 표상은 꽃이고, 꽃은 봄의 은유고 환유다. 봄꽃은 사람을 바로 세워두지 않는다. 봄 속에 빠져 신발 벗어 던지고 꽃송이 머리에 꽂고 히죽거리며 걷는 이 보인다. 봄바람 난 총각은 건달처럼 건들거리며 할 일 없이 바쁘다. 봄은 꽃이고 바람이다. 그런데 꽃은 봄의 형상이지만, 바람은 봄의 말[언어]이다. 꽃은 아름답지만 심란하다. 바람 때문인가. 봄은 바람 타고 번져가는 한바탕 시끌벅적한 소문이다. '장미에 가시가 있다.' 라는 말에서 가시는 장미의 컨텍스트, 즉 문맥이다. 봄꽃만 보고 꽃을 흔드는 봄바람을 보지 못하는 것은 장미의 문맥인 가시를 보지 못하는 것과 같다.

꽃은 그 자체만으로도 꽃이지만, 꽃의 진정한 의미는 꽃이 놓인 공간이 결정한다. 봄꽃이 좋은 것은 꽃과 그 배경인 공간이 하나로 어우러져 멋진 풍경을 연출하기 때문이다. 꽃만 보지 말고 풍경을 봐야 한다는 말이다. 꽃이 아니라 만개한 꽃 풍경이 있는 것이다. 경산의 복사꽃 풍경을 보았는가? 시청에서 919번 도로를 따라 자인을 지나 용성, 남산을 가보라. 복사꽃 엷은 웃음은 우리네 마음 송두리째 빼앗아 가고도 남는다. 야산과 들녘에 흐르는 분홍빛 꽃물결을 보라. 파도같이 넘실대고, 안개처럼 자욱하다. 경산 용성 땅에는 봄이 되면 복사꽃 전설이 번져 꽃 바다를 이룬다.

열매는 '복숭아' 지만, 꽃은 '복숭아꽃' 보다 '복사꽃' 이 제격이다. 복사꽃의 색깔은 말로 표현하는 순간 고유의 색감이 사라지고 마는 마술의 색이고 동화의 색이다. 그래도 굳이 이름 붙인다면 '연분홍' 이리라. 묘한 색상은 불교에서 말하는 욕계欲界와 무색계의 중간인 색계色界다. 아니, 보는 사람의 마음에 따라 욕계이기도 하고 무색계이기도 할 것이다. 복사꽃은 겉치마저고리를 벗었을 때 드러나는 여인의 속옷 같다. 목덜미에서부터 가슴팍에 이르는 맨살이 하얗게 드러나는 관능의 꽃이다. 먼 곳에서 보는 것이 아름다운 꽃, 저쪽 언덕에서 은근한 미소로 유혹하는 꽃, 막상 다가가 손 내밀면 몸을 가리고 애를 태운다. 복사꽃은 대지에 봄맞이하는 고혹적인 여인이다.

도연명의 『도화원기』에는 '무릉도원' 이 나온다. 고기를 잡던 어부가 강물에 떠내려오는 복사꽃 잎을 따라가다가 별천지에 도달하여 잠시 머물렀다. 어부는 집으로 되돌아오고 나서 그곳을 찾았지만 결국 실패하고 만다. 별천지로 들어가는 경계에는 복숭아꽃이 춤추고 있었다. 도원경의 아름다움을 말하고 있는가, 이상향과 현실의 괴리를 비유하는가? 어쨌든 도원의 극찬이면서 최적의 표현이다. 복사꽃인들 내내 지지 않고 피어 있을 수만 없지 않은가? 어부가 한 번 가 본 그곳을 다시 찾지 못하고 병들어 죽었다는 것은 인간 삶이 현실 논리에 갇혀 있음을 충고해 주는 말이다. '무릉도원' 은 이상향의 갈망이기보다는 현실의 냉혹한 인식이다. 도연명은 도원의 문맥, 즉 컨텍스트까지 보았던 것이다.

속살 내비치는 복사꽃은 도원桃園에서 피어 도원경을 이루지만 그 열매인 '복숭아' 는 복숭아밭에 있는 복숭아나무에 달린다. '복사꽃' 과 '복숭아꽃' 은 서로 어감의 미묘한 차이를 보이지만, '도원' 과 '복숭아밭' 의 내포는 천지 차다. 도원에는 꽃구경하며 한가하게 시간을 보내는 사람이 있다면, 복숭아밭에는 열매를 가꾸기 위해 머리에 수건 동여매고 일하는 농부가 주인이다. 농부는 꽃 속에 묻혀 꽃을 보지 못한다. 보지 못하는 것이 아니고 볼 겨를이 없다. 그들은 고운 꽃 이상으로 충실한 열매의 소중함을 안다. 농부는 꽃의 유혹에 빠져 열매 가꾸기를 게을리하지 않는다. 내일의 열매를 팽개치고 오늘의 꽃에 흠뻑 빠지는 것이 얼마나 어리석은지를 잘 알기 때문이다.

사월의 한가운데 핀 복사꽃은 사람을 마구 흔들어 놓는 바람이다. 바람에 스치는 꽃 경치는 분절된 감탄사에 불과하다. 자리 잡고 시각을 고정해 보라. 그러면 들녘의 꽃들은 내 의식과 정서에 따라 새로 구성된 풍경으로 변용할 것이다. 봄은 드디어 소문의 언어가 아니라 실체를 가진 몸이 된다. 봄의 몸체를 제대로 인식한 사람은 복사꽃의 현란한 감각 아래 침잠해 있는 자연의 순리를 읽는다. 꽃의 실체는 꽃 그것이 아니라 열매다. 꽃이 아름다운 것은 열매를 위한 희생 때문일는지 모른다. 봄비가 내렸다. 떨어지는 꽃의 눈물이리라. 그러나 대지에 스며든 수분은 나무의 무성한 잎을 키우고 열매를 맺게 할 것이다. 그래서 봄꽃은 희망이다. 사월의 들녘에는 희망의 꽃, 복사꽃이 피었다.

2008. 5.

내가 살던 동네

어느 날 구청에서 발급한 낯선 고지문 한 통을 받았다. 현재 소유하거나 점유하고 있는 건물 등의 지번 주소가 도로명 주소로 바뀐다는 내용이다. 칠월에 전국 일제 고시를 거쳐 주민등록부 등을 위시한 공공기관에서 관리하는 각종 공적 장부 주소를 도로명 주소로 전환하고, 2012년 1월 1일부터는 이를 전면 사용한다는 것이다. "○○동 ○○아파트"이던 것이 "○○로"로 표시된다. 동네 이름이 없어져 버렸다. 오랫동안 그렇게 부르고 적어와 익숙했는데, 새로 바뀐 주소를 대하니 생소하면서도 묘한 감정이 밀려왔다. 순간적으로 '내가 살던 동네'가 지구 상에서 사라져버린 것 같은 느낌이 들었다. 도로명 주소가 훨씬 과학적이고 합리적일지 모른다. 사람이 사는 곳이면 어디든 넓고 좁은 길이 반드시 있기 마련이기 때문이다. 그럼에도, 아쉬움이 적지 않았다.

"○○동"이 "○○로/길"로 바뀌더라도 늘 불러 다감했던 고유의 이름은 그대로 남아있어 별반 다를 것이 없을 듯하다. 하지만, '길'과 '동'은 느낌이나 상상이 되는 이미지에서 차이를 드러낸다. 길은 하나의 직선으로 이어진다. 차례로 연결되기는 하나 함께 둘러싸기는 어려울 듯하다. 직선이 연결되어 공간을 형성하더라도 그것은 사각이 아니면 삼각이다. 각이 질 수밖에 없다. '동'이 주는 느낌은 직선보다는 원이다. '동'은 공간을 정확하게 구획하는 데는 적절치 못하지만, 너그러움을 발휘하여 둥근 원 안으로 모든 것을 포용할 수 있을 듯하다. '길'의 직선이 메마르고 배타적인 느낌이 든다면, '동'의 원은 풍성하고 하나로 뭉치는 느낌이 든다. '길'이 분할과 경계를 암시한다면 '동'은 통합과 소통을 지향한다. 이러한 생각이 작위적일 수 있으나 동네를 버리고 길을 택한 것은 현대문화의 흐름을 단적으로 드러내 주는 대목인 아닌가 싶다.

내가 태어나고 자란 고향은 조그마한 골짜기 안에 집들이 올망졸망 모인 동네였다. 아랫동네, 중간동네, 윗동네가 사이좋게 모여 땅과 하늘을 공유하면서 살았다. 유년 시절 나에게 부여된 큰일 중의 하나는 동네 집집이 찾아가 음복을 돌리는 심부름이었다. 조상제사를 모시고 난 이튿날 이른 아침, 제사 음식을 담은 그릇을 들고 신명 나게 동네 골목을 누볐다. 또한, 어느 날에는 후한 인심을 칭송하는 어머니의 말씀을 들으면서 이웃집에서 전해온 음복을 맛보기도 했다. 동네 골목길은 아이들의 놀이터이면서도 서로의 풋풋한 인심이 오가는 통로였다. 그런데 어느 때부턴가 이러한 음복이나 나눔의 풍속은 사라져갔다. 아마 먹을 것이 풍성해지고, 편리함을 추구하게 되고, 도시문명이 확대되면서부터였을 것이다. 수시로 열고 오갔던 이웃집 삽짝문이 철제 대문으로 바뀌고, 더욱이 도시의 닭장 같은 아파트가 들어서면서 동네는 사라져갔다.

수평으로 틔어 있는 길은 수직으로 서 있는 아파트와 닮은 꼴이다. 훤하게 뚫린 아스팔트 대로나 하늘을 찌르는 고층아파트는 도시화한 현대인의 삶의 공간을 잘 말해 준다. 그곳에는 직선의 속성이 그대로 반영되어 있다. 모든 공간은 삶을 영위하는 일상적인 의미만을 지니는 것이 아니다. 그것은 정신적인 삶과도 밀접한 관련을 맺는다. 공간적인 특징이 사고와 정서에도 영향을 미친다는 말이다. 어느 건축가는 아파트 문화에 대해 이렇게 말한다. 살기 위한 것보다는 "팔기 위해 아파트를 구입한다는 것은 늘 이사 갈 준비를 하는 것을 의미하며, 이것을 '이웃과 더불어 살' 시간과 공간을 포기하는 것"이라고. 오늘날 '직선' 의 이미지로 표상되는 길과 아파트는 한곳에 머무르며 함께 산다는 것보다는 언제든 떠날 것을 예비하는 공간이다. 그것은 경제적 수준과 사회적인 지위를 매기는 잣대로 작용하기도 한다. 여기서는 공동체보다는 개인이 우선이다.

객지생활을 하다가 오랜만에 고향 동네를 찾는다. 동네 어귀 당산나무가 먼저 반긴다. 만나는 동네 사람마다 그간 잘 지내다가 왔느냐고 안부를 묻는데 인정이 철철 넘친다. 산자락에 모인 집집에는 저녁밥 짓는 연기가 피어오르고 서쪽 하늘에는 저녁노을이 붉게 물들여져 있다. 고향은 나를 반가이 맞아주는 동네이다. 그곳에는 함께 웃고 울었던 가족이 있고, 인심 넘치는 이웃이 있고, 함께 놀았던 친구가 있다. 그렇게 정든 사람들을 두고 떠날 수 없어 이별을 아쉬워하던 '내가 살던 동네'는 영원한 마음의 안식처이다. 어느 길가에 살든 시간이 흐르면 그곳도 고향처럼 느껴지리라. 길 이름도 부르고 또 부르면 정이 들 것이다. 하지만 그간 부르던 동네 이름을 도로명으로 바꾸어 불러야 한다니 '내가 살던 동네'가 사라지는 듯하여 마음 한구석이 허전하다.

2011. 4.

가마골 연구실에서

퇴근을 미루고 연구실 밖으로 나온다. 학교 대운동장으로 간다. 작년에 우레탄을 깔아 깔끔하게 정리한 운동장이다. 육상 트랙이 반듯한 맵시를 드러낸다. 타원형의 트랙을 따라 걷는다. 남쪽 중천에 뜬 상현달이 늦가을의 애잔함을 부추긴다. 소슬바람 한 줄기가 지나간다. 마음 한구석이 빈집처럼 텅 빈 느낌이다. 바람이 내 안까지 들어와 마음을 가지고 달아난 모양이다. 순간적으로 쓸쓸함이 밀려든다. 학교 건물 쪽으로 눈길을 돌려 본다. 도서관을 비롯하여 교수 연구동에는 아직 불 켜진 방이 많다. 취업 준비로 도서관에 붙어사는 학생은 밤낮이 없다. 강의와 논문 준비로 시간을 쪼개야 하는 교수에게 밤 시간은 얼마나 귀중한가. 저들이 밤을 밝히는 이유는 무엇인

가. 삶 자체인가, 열정인가, 야망인가. 누구나 자기 나름대로 희망을 품고 불씨를 태우겠지. 타는 동안은 행복하리라. 경일대학교 교수로서 생활해온 지난 시간이 가을바람에 스쳐 간다.

내가 처음으로 경일대학교에 부임한 것은 사십 대에 접어든 1992년 9월이었다. 당시 캠퍼스는 대구시 효목동에 있었고, 교명은 경북산업대학교였다. 1994년에 지금의 경산시 하양으로 캠퍼스를 이전하고, 1997년 일반대학으로 전환하면서 교명을 '경일대학교'로 개칭했다. 2005년 교육문화콘텐츠학과를 신설하기 전까지 나는 교양학부 소속 교수로서 주로 국어, 글쓰기, 문학 등과 같은 교양과목을 강의했다. 구성원과 다양한 인간관계를 맺으면서 점차 학교생활에 정을 붙였고, '우리 대학'이라는 강한 소속감도 가지게 되었다. 특히, 캠퍼스의 자연환경은 큰 위안이 되어주었다. 경일대학교 캠퍼스는 조경이 아름답다. 자연미를 잘 살렸고, 인간 친화적이다. 교문에 들어서는 순간 마치 자연으로 들어가는 듯한 느낌을 받는다. 이러한 환경은 일상의 청량제 역할을 한다. 그것의 의미는 결코 가벼운 것이 아니다.

대학교수가 해야 할 일은 많다. 무엇보다 학문 연구는 무거운 짐이 아닐 수 없다. 학문을 탐구하는 일은 교수에게 주어진 가장 큰 책무다. 학문은 교수라는 직업의 고유성을 보장하는 마지막 보루라고 늘 생각해 왔다. 그런데 세상은 바뀌었다. 가르치는 일과 봉사하는 것도 교수에게 중요한 일이 되었다. 이제 교수가 해야 할 일은 학문만이 전부가 아니다. 그만큼 다양한 역할이 기대되는 시대다. 주어진 여건 속에서 자신의 역량을 충분히 발휘할 수 있다면, 그것이 학문이 아니더라도 교수로서 역할을 충분히 했다고 할 것이다. 나는 이런 점에서 미흡하다. 나를 학문이란 울타리 안에 가두어 놓고 편협한 길로만 가려 했던 같다. 그랬으나 결과는 고졸한 학문 세계에 한 발도 내딛지 못하고 겨우 변죽만 울리고만 꼴이다. 아무것도 한 것이 없다. 학문에 좀 더 힘을 쏟지 못한 지난 시간이 후회막급이다. 아무것도 이룬 것이 없다는 생각에 가슴이 아리다. 공부를 떠올릴 때마다 자책과 부끄러움만 밀려온다. 학문에 대한 의욕은 넘쳤는데, 그것을 담아낼 인격의 그릇은 부족했던 모양이다.

학교 연구실은 내 영혼을 살아 움직이게 하는 공간이다. 때로는 지친 영혼을 달래주는 안식처가 되기도 한다. 이십 년 가까이 문을 여닫으며 드나들었지만, 싫증이 나지 않는 곳이다. 갈수록 정이 깊어만 간다. 연구실은 어떤 곳보다도 나에게 편안한 장소다. 며칠 만에 연구실 문을 열고 조명등을 켠다. 순간 책장의 책과 의자와 온갖 사소한 물건들이 환한 얼굴로 내 품 안으로 달려드는 듯하다. 반갑기 그지없다. 그래서인지 연구실 안에 있는 어떤 것이든 밖으로 내다 버리지를 못한다. 애착 때문에 무엇이든 옆에 두려고 하다 보니 갈수록 복잡해져 간다. 정리가 필요한데도, 차일피일하고 있다. 그런데 최근에 큰 걱정거리가 생겼다. 그전에는 아무리 복잡해도 필요한 책이나 물건을 금방 찾아내는데, 이제는 그렇지 못하다. 서가 어느 곳에 있어야 할 책이 보이지 않아 며칠을 찾을 때도 있다. 어제 분명히 책상 위에 얹어 놓은 물건이 눈에 들어오지 않는다. 이제, 한계에 온 것인가. 잡았던 끈을 놓을 차례인 모양이다. 나에게 남은 일은 연구실의 많은 책과 물건을 치우는 일일 것이다. 그러려면 나의 욕망부터 내려놓아야 한다는 것도 알고 있다.

연구실에서의 공부는 책 속에서 길을 찾는 것과 다르지 않다. 나의 인문학 공부는 서적 속을 헤집고 다녔다. 책에 길이 있다고 믿었다. 문헌을 찾고 텍스트를 해석하는 작업에 매달렸다. 그래서 잡다한 지식과 무거운 관념의 더미에서 헤어나지 못했다. 논문 편수를 쌓는 것이 학문의 성과라고 생각했다. 학문은 어떤 조건에도 흔들림이 없는 절대적인 진리라고 믿어왔다. 제도에 불과한데도 말이다. 시간과 노력을 쏟아 집필했던 논문들, 진리를 논하던 숱한 언어는 우리의 삶과는 상관없이 책 속에서만 겉돌았는지도 모른다. 지식과 관념의 사막을 헛되이 걸었던 것이 아닌가. 합리적 보편성만 앞세울 줄 알았지, 삶의 섬세한 무늬를 제대로 읽지 못하는 학문이 무슨 소용인가. 무엇을 위한 공부인가. 학문 자체만을 위한 제도적 학문, 삶의 현실을 담아내지 못하는 공부, 세상과 인간을 이해하려는 태도를 갖추지 못한 학자. 그러고 보면 내 연구실은 나만의 도피처였을 수도 있다. 내 연구실에서 나는 공부를 핑계 삼아 세상을 외면한 채 개인적인 안일에 빠져 있었는지도 모른다.

연구실 문을 연다. 닫혀 있던 연구실 공간 안으로 자연과 세상을 끌어들이고 싶다. 안주의 공간을 박차고 나가 세상을 향해 손을 내밀리라. 이 책에 수록된 글은 이런 내 생각의 작은 실천이다. 자연과 세상에 대한 나의 이야기와 느낌이 비록 보잘것없어 별다른 의미가 없다고 하라도, 세상과 교감하고자 한 나의 생생한 호흡이기에 더없이 소중하게 느껴진다.

2009. 11.

자전거를 타면 풍경을 만난다

새벽이다. 비릿한 강 냄새가 바람에 실려 온다. 동쪽을 등지고 페달을 밟는다. 곧 아침 해가 떠오를 것이다. 해바라기가 길 양옆으로 열병하듯 늘어섰다. 해를 맞이하려는 마음인 듯 모두 한 방향을 향한다. 서변대교에서 팔달교 쪽으로 달린다. 그곳에서 다시 방향을 틀어 검단동까지 갈 작정이다. 평평하게 닦은 4~5미터 폭의 흙길이 10킬로미터 이어진다. 이른 시간인데도 걷고, 달리고, 자전거를 타는 사람으로 강변길은 분주하다. 자전거 타기에 더할 나위 없는 길이다. 이 길을 처음 발견했을 때 얼마나 흥분했던가. 이런 좋은 길이 가까이 있다는 것이 그렇게 기쁠 수가 없었다. 걷든 자전거를 타든, 이 길 위에 있을 때는 행복하다.

요즘 나는 자전거에 푹 빠졌다. 시간 나는 대로 금호강 변 자전거 도로를 달린다. 가족들은 자전거 타러 가는 내 모습이 어린아이 같다고 한다. 지금 자전거 열풍이 불고 있다. 각종 미디어는 대중에게 자전거 페달을 밟으라며 야단이다. 지자체의 자전거 정책은 화려하다. 자전거가 도깨비 방망이라도 되듯이 건강, 교통, 환경 등 사회 문제를 단숨에 해결해 줄 것같이 말한다. 하지만 내가 자전거에 빠진 것에는 별다른 이유가 없다. 친환경이니 녹색이니 하는 이념과는 더욱 거리가 멀다. 자전거를 타고 길 위를 달리는 자체가 좋을 뿐이다. 자전거를 타면서 내 몸이 대지의 공기와 소리와 풍경을 만나는 그것이 즐겁다. 드넓은 우주 가운데에서 내 몸이 차지한 공간을 작지만 생생하게 확인할 수 있기 때문이다.

시속 100킬로 이상으로 질주하는 차를 운전하면서 차창 밖의 경치에 눈 돌리기는 어렵다. 느긋하게 경치를 마음에 담으려다가는 사고 나기에 십상이다. 시간은 공간을 살해하고 빨아들여 녹이는 블랙홀 같다. 공간 접촉에서 인간 삶의 구체성이 생성된다. 생명의 증표이기도 한 모든 감각의 근원은 공간에 자리 잡은 구체적인 사물이다. 그러니 속도를 경계할 수밖에 없다. 여행에서 집으로 돌아오는 것과 같이, 공간은 가역적이어서 그것을 소유할 수 있다. 반면에 시간은 비가역적이어서 지나간 시간을 되돌릴 수 없다. 그것은 신비하지만, 비인간적이고 욕망의 원천이기도 하다. 느리므로 자전거는 한 공간에 머물 수 있다. 그래서 주변의 타자와 관계를 맺을 기회가 많다. 자동차의 쾌속에서는 나를 위한 이기심이 발동된다면, 자전거에서는 타자를 배려하는 여유가 생겨난다.

어둠이 내려앉은 해거름에도 자전거를 타는 데에는 무리가 없다. 초승달이 북서쪽 낮은 하늘에 걸려 있다. 풀벌레 소리가 요란하다. 도시에서 발사되는 불빛이 멀게 느껴진다. 오랜만에 어둠과 밤의 정취에 젖어 본다. 빨리 달릴 수는 없으나 마음이 급하지 않다. 젊은 날, 앞만 보고 열심히 달려가는 것이 인생을 성실하게 사는 것으로 생각했다. 그것을 자랑으로 삼기도 했다. 얼마나 어리석었던가. 주위를 돌아보지 못했던 삭막함에 몸서리쳐진다. 자전거를 타면서 생각하고 깨닫는다. 빨리 달리고서는 풍경을 마음에 담을 수 없음을. 경관이 풍경이 되려면 내면의 심미적 공간에 머물러야 한다. 즉, 내 안과 밖이 서로 교감을 이루어야 한다. 교감을 통해 얻는 풍성한 풍경이 내 삶의 속살임을 이제야 알 것 같다.

자전거가 느림의 가치를 깨우쳐 준다는 것, 이것만으로 끝이 아니다. 자동차에 길든 현대인이 자전거를 가까이하는 것은 문화적이고 사회적인 코드의 변화임이 틀림없다. 현대 기계문명에 대한 비판이란 점에서 건강하다. 그런데 자전거 타기는 철학적 명상보다는 현실 생활과 더 가깝다. 원래 자전거는 공간 이동의 편리를 도모하려고 고안된 도구가 아니던가. 도구는 효용성의 원리에 지배된다. 효용성, 그것은 거침없는 욕망의 다른 이름이다. 몇백만 원으로부터 천만 원이 넘는 자전거가 있다고 한다. 또 다른 욕망의 불순함이 아닌가.

금호강 변 자전거 도로 양옆의 신천대로와 경부고속도로에는 수많은 차가 굉음을 내며 질주한다. 그 사이 금호강은 주위 속도를 의식하지 않고 천천히 흘러간다. 비가 온 뒤라 수량도 넉넉하다. 자전거를 타고 금호강 변을 지나노라면 느려도 조급하지 않은 작은 여유를 배운다. 풍경을 마음에 담는 나의 자전거 타기가 오래도록 지속하였으면 좋겠다.

2009. 7.

공간의 두께

대학 입학 후 첫 미팅, 홍옥 사과 한 개를 탁자 위에 놓고 파트너를 기다렸던 동성로 어느 다방이 떠오른다. 처음 이성과 어깨를 나란히 하고 동성로에서 북성로 '기린원' 까지 걸었던 그 길은 어딘가? 정치금지, 통행금지, 장발금지. 젊은 청춘이 금지의 시대를 살아가는 방법은 '금지' 의 선을 넘는 일이었으리라. 장발 단속을 피해 중앙통 어느 골목을 가슴 두근거리며 내달렸던 장면이 아스라하다. 통행금지 시간을 넘겨 중앙파출소에서 밤을 지낼 수밖에 없었던 그날은 세상이 왜 그렇게 답답하게 느껴졌을까. 동기생이 하나 둘 입대할 때마다 밤새워 아쉬움을 달랬던 장소는 아직도 남아 있을까? 1970년대 유신 학번의 기억에 남은 '대구 시내' 에 대한 단상이다.

언제부턴가 대구 도심에 가면 뭔가 바뀌고 있다는 느낌을 받는다. 지금 한창 진행 중인, 대구역에서 반월당에 이르는 중앙로 대중교통전용지구 조성 공사 현장을 밟아보면 이런 느낌은 확연하다. 어떤 모습으로 드러날지 자못 궁금하다. 도심을 재창조하고 실핏줄 같은 골목길을 정비하여 대구를 특색 있는 도시로 만들겠다는 계획의 일환이라고 한다. 어쨌든 도시 공간에 대한 깊은 관심의 반영이 아닌가. 반가운 것은 그 관심이 공간 기능을 개선하는 데만 초점이 맞춰진 것이 아니라, 공간에 대한 인문학적 인식을 깔고 있다는 점이다. 우리는 기능성을 앞세우는 '개발' 이란 개념에 익숙한데, 일련의 사업 슬로건이 '재창조' 라고 하지 않는가. '아름다운 거리 선정' , '도심의 재창조' , '골목 문화의 활성화' 등과 같은 말에서 공간에 대한 인간적인 접근을 엿본다.

사람은 누구나 던져진 자리에서 자신을 만들어 간다. 어떤 나무를 다른 토양에 심으면 쉽게 뿌리를 내리지 못한다고 한다. 같은 원리에서 사람도 자신이 생활하는 공간과 조화를 이루려고 노력하고, 그 자리에 자연스럽게 길든다. 공간은 삶의 터전인 동시에 삶 자체다. 자신이 태어난 곳, 유년 시절 동무와 함께 뛰놀았던 들녘과 개울가, 자주 들렀던 구멍가게, 오가던 골목길 등에 관한 기억은 개인의 존재를 규정하는 실핏줄과 같은 것이다. 생활 터전으로서 구체적인 장소는 삶의 물리적 조건이기도 하지만, 마음속에 심리적 정서나 가치로 남는다. 이 같은 가치나 정서는 삶의 의미를 넓혀준다. 그리고 어떤 장소에 새겨진 삶의 흔적과 의미는 지워지지 않고 진한 여운을 남긴다. 장소에 퇴적된 이러한 의미가 그 사람의 정체성이 아니겠는가.

시금떨떨한 막걸리에 안주는 깍두기, 생고구마, 번데기가 고작이지만, 그것만으로도 충분했다. 그곳에는 마셔서 기분 좋은 술이 있고, 쳐다만 보아도 반가운 친구가 있고, 함께 소통할 수 있는 언어가 술잔처럼 넘쳤다. 그리고 소진되지 않을 듯한 젊음이 있었다. 좌중은 어느덧 노래판으로 바뀐다. 송창식의 〈고래사냥〉으로 분위기는 한층 고조되었다. '자, 떠나자 동해 바다로' 에 이르면 모두 묘한 환상의 세계에 젖어들었다. 유신 한복판이었던 1970년대 중반, 향촌동 술집 골목은 언제나 북적댔다. 문학과 예술의 아이디얼리즘이 존중되던 곳이었다. 덩달아 정치적인 절망과 젊음 특유의 니힐리즘이 뒤섞여 한판 어우러지기도 했다. 동전 몇 개가 유학 온 촌놈의 주머니에서 달각거려도 향촌동 골목은 그들을 무시하지 않고 품어 주었다.

향촌동, 중앙통, 동성로, 대구역전, 한일극장 등은 소위 '대구 시내' 를 대표하는 공간적 기표다. 그런데 이러한 공간은 고정된 평면으로 존재하는 것이 아니다. 현상의 지표를 벗겨

내고 수직으로 들어가면 겹겹이 쌓인 시간과 삶의 흔적을 발견할 수 있다. 따라서 공간을 정비하고 어떤 테마파크를 조성하는 일이 시각적인 이미지를 개선하는 것에 집중되어서는 안 된다. 시냇물이 흐르고 새가 지저귀는 공간을 만들었다 하더라도 사람의 삶에 밀착되지 못하면, 그것은 건조한 물리적 공간에 지나지 않는다. 그 장소에 녹아있는 두꺼운 의미 지층을 소중히 여겨야 한다는 말이다. 이는 그곳에서 역동적으로 살아왔던 사람들의 다양한 삶의 이야기를 담으려는 노력이다. 굳이 매끈하고 단정한 직선으로 바꾸기보다는 주름지고 접힌 곡선을 그대로 살릴 필요도 있다. 그래서 고치지 않고 잘 보존하는 것도 중요하다.

2009. 8.

욱수골 약수터 가는 길

지금 내가 살고 있는 데는 수성구 신매동이다. 이곳 아파트 단지의 남쪽 골짜기를 '욱수골'이라고 한다. 이 욱수골 산 중턱에는 운동 기구들이 준비된 휴식 공간이 있다. 우기에는 맛깔스러운 샘물을 맛볼 수 있어 사람들은 이곳을 '욱수골 약수터'라 부른다.

아파트 단지에서 이곳 약수터까지 등산로가 있다. 등산로는 어림잡아 왕복 5킬로미터 정도 된다. 실제로 반 이상이 평평한 길이고 산길은 얼마 되지 않는다. 그 산길조차도 경사가 완만한 편이다. 아파트 단지에서 약수터로 가기 위해서는 처음 정리된 아스팔트 길을 얼마간 걷다가 산자락에 이르기까지는 농로와 마을 길을 따라가면 된다. 산 입구에서 약수터에 이르는 길만이 숲 사이로 난 산길이기 때문에 욱수골 약수터로 가는 길을 등산로로 부르기는 뭔가 부족한 듯하다. 그리고 수려한 주위 경관이나 특별한 볼거리가 있는 것도 아니다. 도시 주변이면 어느 곳이든지 있을 수 있는 그런 평범한 등산로이고 산책길이다.

그런데 이 등산로는 약수터를 오르내리는 지역 주민으로 항상 붐빈다. 내가 사는 아파트 13층에서 내려다보면 언제나 사람들이 줄을 잇고 있다. 좀 과장하면 마치 개미가 줄지어 움직이는 것같이 보인다. 새벽부터 시작하여서 해가 빠진 밤까지 사람의 발길은 끊이지 않는다. 주말이나 휴일에는 좁은 길이 더욱 좁게 느껴진다. 이곳에 사는 많은 사람이 욱수골 약수터를 오르는 것으로 하루를 시작하기도 하고 마감하기도 하는 것 같다. 어떤 이는 약수터 오르는 일이 마치 일과인 것처럼 보인다.

이 길을 걷는 사람은 나이 든 할아버지나 할머니에서부터 유치원에 다니는 꼬마에 이르기까지 남녀노소가 따로 없다. 정년퇴임 한 교장 선생님, 사업하는 사장님, 가정주부, 회사원, 직장에 다니는 아가씨, 젊은 대학생, 부모의 손을 잡고 짧은 걸음을 옮기는 어린이 등 길을 오르는 사람의 사회적 위치와 하는 일은 매우 다양하다. 그들의 복장과 발걸음도 각양각색이다. 겉으로 드러난 것이 이처럼 모두 다를진대 이들의 마음속에 담긴 속내야 말해 무엇하겠는가. 형형색색의 모습과 가지가

지의 마음으로 욱수골 약수터를 오르내리는 사람들, 그 속에 나도 끼어 있다.

나는 올 삼월 이 동네로 이사 온 후 체력과 건강을 증진해야 한다는 생각에 욱수골 약수터를 자주 오르내린다. 매일은 아니지만 틈만 있으면 간단한 복장으로 집을 나서 이 길을 걷는다. 새벽에 오른 적도 있고, 깜깜한 밤에 약수터에 도착한 적도 있다. 그리고 비를 맞으면서 걸은 때도 있고, 간밤에 마신 술이 채 깨기도 전에 몽롱한 기분으로 새벽 등산을 한 적도 있다. 아내나 가족들과 함께 걷기도 하지만, 나 혼자일 때가 더 많다.

욱수골 약수터를 다닌 기간도 벌써 반년이 넘었다. 하루도 빠지지 않고 열심히 다닌 것은 아니지만 내 심신의 건강을 위해 이렇게 어떤 일을 반복해 본 것은 이것이 처음이다. 그 결과 건강이 좋아졌는지는 알 수 없다. 그렇지만 매우 귀중한 것을 하나 얻었다. 깊어가는 마음의 병을 진단해 냈던 것이다.

사실 나는 몇 년간 걷잡을 수 없이 밀려드는 삶의 허탈감에 젖어 있었다. 그것이 어디서 기인하는 것인지 알 수 없었다. 일상에서 원인 불명의 무상감은 그냥 그렇게 안개처럼 피어올랐다. 무엇보다도 참기 어려웠던 것은 학문에 대한 회의였다. 그것은 학문 자체에 대한 회의라기보다는 학문을 하는 나 자신의 무력함에 대한 분노 같은 것이었다. 그렇다고 불혹을 넘은 나이에 이러한 것을 표시 나게 드러내는 것도 우스운 일이었다. 혼자 삭이는 수밖에 없었다. 자연적 술을 마시는 횟수가 늘어났다. 그렇지만 원점에서 조금도 벗어나지 못했다. 미망에서 벗어나 본연의 자신을 찾아야 한다는 생각을 늘 했지만, 깊어진 허무의 병은 어찌하지 못했다. 점점 신체상의 건강에도 적신호가 보이기 시작했다. 뭔가 달라지지 않으면 안 된다는 생각이 들었다. 초조했다. 그래서 생활환경을 바꾸어 보자는 막연한 생각을 했고, 지금 살고 있는 이곳 신매동으로 부랴부랴 이사했던 것이다.

이사를 온 후 곧 욱수골 약수터로 가는 등산로가 있다는 것을 알아냈고, 마음 다잡아먹고 자주 산에 오르게 되었다. 첫 출발은 삼월 중순 봄기운이 지표를 뚫고 대지로 피어오르던 시기였다. 그 후 만춘의 아카시아 향기를 만끽했고, 한여름의 매미 소리도 귀가 아프도록 들었다. 대지를 달구었던 후끈한 지열도 초가을 비에 식었고 이제 만추의 문턱에 서 있다.

그 동안 욱수골 약수터를 오르내리면서 많은 생각을 했다. 그것들은 대개 파편화된 무정형의 상념에 불과했으나, 나는 그 작은 조각들 가운데에서 어떤 원리를 찾기 위해 고심했다. 물론 내가 찾아낸 원리라는 것도 하나의 관념에 불과하다는 점을 너무나 잘 알고 있었다. 그렇지만 나를 허무의 심연에서 벗어나게 할 수 있는 길은 내 스스로의 마음속에 있다는 생각에 순간적으로 스치는 상념의 조각조차 소중하게 여기고, 그것을 하나의 의미 줄기로 묶기에 애썼다. 그것이 세상을 꿰뚫어 볼 수 있는 철리는 아니었지만, 그리고 조금은 상투적이고 진부한 것이긴 하였지만, 주어진 일상을 추스르고 마음의 가닥을 잡아가는 데 적잖은 도움을 주었다. 지속성을 지니지 못하고 일시적인 효과로 끝나는 것이 아쉽기는 하였지만 말이다.

그 중 나를 가장 진정시킬 수 있었던 아포리즘은 '천천히 걷자' 였다. 내 걸음은 빠른 편이다. 빠른 걸음은 내 신체적 기능상의 특징만을 나타내는 것이 아니라 성격까지 그대로 반영해 준다. 분명 이 급한 성격은 타고난 것만은 아니다. 많은 부분 나의 내면에 자리잡고 있는 욕망에 기인했다. 많은 것을 빨리 얻으려고 하는 욕심이 끓고 있음이 아닐까? 욕심이 크면 그것을 모두 이루기가 어렵고, 작은 성취에는 만족할 수 없는 법이다. 빨리 많은 것을 희구하면 할수록 실패에서 오는 실망감은 더욱 커질 것이 뻔하다. 결국은 불가능과 한계를 느끼고, 그것이 깊어지면 허무와 무력감에 빠지고 말 것이다. 이때 허무가 순간적으로는 무력한 자신을 변호해 줄 수 있을지 모르지만, 결과적으로는 마음의 병이 되고 이 때문에 육체적 건강까지 해치게 되고 마는 것이 아니겠는가.

처음 육수골 약수터를 오를 때 시간을 재면서 걸음을 재촉했다. 경사진 산길을 내려올 때는 걷지 않고 달리는 경우도 많았다. 다른 사람은 약수터에서 운동도 하고 휴식도 취하면서 꽤 많은 시간을 지체하는데, 나는 도착하자마자 하산하기가 바쁘다. 마라톤 경기에 출전한 선수처럼 시간 단축에 신경을 썼다. 그리 급한 일이 있는 것도 아닌데 말이다.

이것은 그동안 굳어져 온 내 마음의 문제다. 오직 유용한 것만이 최선이라는 생각에서 조금도 비켜나지 못했던 조급한 내 마음 탓이었다. 현실적 유용성만을 따지다 보니 걸음이 급할 수밖에 없다. 무용의 유용성을 깨닫지 못했다. 그것이 바로 허무의 심연으로 빠지게 된 원천이었다. 나의 허무는 무용의 의미를 발견하지 못한 미망 탓이었던 것이다.

걸음을 재촉하여 남을 앞질러 산을 올랐지만, 정상에 도착하고 얼마 있지 않아 뒤처졌던 사람도 곧 도착한다. 그 시간 차이는 미미한 것이다. 특히, 인생의 긴 시간을 놓고 본다면 그것은 별 의미 없는 하찮은 것에 불과하다. 우리는 조금 빠르고, 앞서고, 많다고 우쭐해 한다. 조금 느리고, 뒤지고, 적은 것을 경멸하고 무시하기 일쑤다. 이 얼마나 어리석은 일인가? 바쁘게 서둘지 말고 좀 더 천천히 걷자. 그래도 크게 손해 보지 않는다. 무용의 유용을 생각하자. 그리고 욕망의 키를 낮추자.

욱수골 약수터를 오르면서 이 조촐한 아포리즘을 나의 생활 실천의 첫째 덕목으로 삼을 것을 다짐했다. 천천히 주위 경관을 음미하면서 길을 가기로 마음먹었다. 나를 오랫동안 괴롭혔던 허무의 안개가 말끔히 개일 날을 기대하면서 앞으로도 자주 약수터를 오를 생각이다.

욱수골 약수터로 가는 길이 끊이지 않는 한 이 길을 따라 산에 오르는 사람들의 행렬은 이어질 것이다. 모두 바로 서기 위해 자기 나름의 지혜로운 아포리즘을 만드리라. 나도 거기에 끼여 지금보다는 좀 느린 걸음으로 욱수골 약수터를 오르내리며 일상의 작은 의미를 되새길 것이다.

1999. 10.

앉은 자리가 꽃자리